桐生操。世界情愛大全。

「歡愉」、「偏頗的愛」與「禁忌」的樂園

目次

情愛之章

Part 1 為了禁忌的「歡愉」與「性愛」而生的人們

偏執愛之章

序　追求華麗性愛的人們

本書登場人物是一群勇敢追求華美性愛的冒險家。

比方說受虐主義始祖的作家瑪奏柯（Leopold von Sacher Masoch）、用一輩子時間描繪受虐美女畫作的畫家伊藤晴雨、因為單戀少女而創作了名著《愛麗絲夢遊仙境》的路易斯・卡羅（Lewis Carroll）、沉溺於奔放熱情女同性戀之中的貴婦薇塔・塞克維爾・韋斯特（Vita Sackville West）等等。

閹伶、宦官、雙性人等追求隱密禁忌性愛的真實生活百態，以及乳房、頭髮、臀部等人體隱密私處、讓人讚嘆不已的古今中外驚奇故事。此書收錄了各種與性愛有關的、耐人尋味的軼事，以及勇於挑戰禁忌、對追求華美性愛深信不疑的探險家的故事。

不論哪個時代，人類為了追求極致的快樂，付出最高境界的努力，並憑著那份執著與熱情不停地追求。

如果看完本書，能讓你徹底了解人類其實是深不可解，而且永遠不懂得記取教訓的個體，深感榮幸。

桐生操

情愛之章

I 乳房

「狂愛」乳房的國王

十八世紀法國國王路易十五是位標準的帥哥。肖像畫中的他真是美男子，堪稱法國第一帥男。他十五歲時與波蘭公主瑪麗・萊津斯卡結婚，據說新婚之夜連戰七回。

就如其父親所言，瑪麗公主是世上最無趣的女人，唯一吸引人之處是美麗的胸部。瑪麗公主與路易十五共生了十個孩子，因為夜夜魚水之歡，在婚後第十三年把身體搞壞了，於是把寢室上鎖，禁止路易十五進房。

路易十五無處發洩，只好不斷尋找其他的情婦。其中以內勒五姊妹最知名，事實上五姊妹都是出了名的醜女。尤其是老二范提米勒夫人，個性非常歇斯底里，被說成「長相像擲彈兵、如鶴的細長脖子、身上發出猴子般的體味，個子高得嚇人，擁有一對傲慢的兇狠雙眸」。

某日夜晚，因為路易十五需求過度，范提米勒夫人忍不住說：「心情不好。」予以拒絕，沒耐性的國王被惹火了，生氣地說：「妳真的要這樣嗎？我看妳的病最適合粗暴的治療方式。首先，妳的脖子太長了，砍掉剛剛好。還要擠光妳體內的血，換成羊血。這麼一來，全身長滿刺，動不動就跟人吵架的妳應該會變得溫馴一點。」

之後，路易十五陸續把內勒侯爵家的五名女兒納為情婦，身邊的人都想不通，為何路易十五會如此喜愛內勒家五姊妹。當時亞爾強生侯爵曾經開玩笑地說：「私生女也行的話，內勒家應該會有第六個女兒吧！」

其實，路易十五之所以把內勒家姊妹全納為情婦，是因為她們有個共同的特徵，胸部非常豐滿。

曾經流傳這樣的故事：路易十五的孫子決定要與奧地利公主瑪麗．安托瓦內特結婚。婚禮當天，一位隨從向路易十五報告，瑪麗公主已從奧地利抵達法國。

「長相如何？是位美女嗎？」

「美得像天使。」

「膚色如何？」

「如白雪般白皙亮透……」

「眼睛呢？」

「我認為是世上最美麗的眼睛。」

「那麼，胸部美嗎？」

「那個嘛，屬下惶恐，胸部不是很豐滿……」

「笨蛋。你不曉得胸部最重要嗎？」

聽說路易十五對於出入宮廷的女性，一定會問胸部是否豐滿。他的理論就是，女性價值是由胸部大小所決定。

一七七四年，罹患天花的路易十五知道自己死期將近，最後的心願是見當時的愛人杜巴利伯爵夫人一面，於是命人帶杜巴利到自己身邊。

當國王內侍帶杜巴利夫人到瀕死的國王床前，國王儘管病危全身無力，竟然還從棉被裡伸出一隻手，靠近夫人胸前，開始愛撫她的乳房。

「我實在不想向如此美麗的乳房道再見啊……」

據說這就是愛乳房成癡國王的最後遺言。

路易十五與杜巴利夫人。曾誇下豪語說女性價值是由胸部大小所決定的國王，據說在臨死之際，還將手伸進夫人胸部，愛撫乳房。（©Granger／PPS）

「厭惡」乳房的國王①

乳房癡的路易十五前兩代國王路易十三跟他正好相反，非常討厭女性乳房，反而愈是迷人的乳房，他愈是厭惡。

某日宮裡一行人前往普瓦捷途中，出席一場為了奉承路易十三所舉辦的晚宴。當時某位女性想用自己美麗的胸部擄獲國王的心，穿著露胸設計的禮服出席。

路易十三發現有人穿著露胸禮服，突然臉色一變，表情極度不悅。後來將帽子壓得很低，蓋住眼睛，整個晚宴過程路易十三一直低著頭，看起來非常不開心。

不過，光是如此還是無法熄滅心中的怒火，國王以好像被蟲咬到般的痛苦表情沉默吃完餐點後，終於壓抑不住心裡的那把火，整個發洩出來。他喝完最後一杯紅酒，將含在嘴裡的紅酒朝穿著露胸禮服女性的胸前，用力地噴出來。

該名女性嚇呆了，她完全不曉得發生了什麼事，好不容易踉蹌地走出房間，竟然在入口處氣絕身亡。

真是可憐啊……

「厭惡」乳房的國王②

有人說路易十三之所以討厭女性乳房，是因為他是同性戀者。然而，這樣的他卻有一位鍾情的女性——奧托弗女士。

據說奧托弗女士的身材像男人，從某個層面來看，或許路易十三從未把她當成女人看待。

有一天，奧托弗女士一臉詭異地藏著一封信。國王發現了，很想看那封信，奧托弗女士卻刻意裝腔作勢不讓國王看。

國王的緊迫盯人，奧托弗女士心生一計。她突然將信塞進胸前，夾在雙乳之間。

「來啊！如果你那麼想看，就過來拿啊！」

奧托弗女士知道國王討厭乳房，這樣他就沒轍了吧。

只是國王也非等閒之輩。他竟然拿起暖爐裡的火夾，朝奧托弗女士的胸前伸去，他想用火夾夾出那封信！

從這個故事我們或許可以看出，為什麼在法文裡「連火夾都碰不到」可以用來表達「超討厭的東西」或「討厭到讓人寒毛豎立的東西」……

親吻乳房犯重罪

愛撫乳房在現代被視為性行為過程中不可或缺的前戲，但據說女性某一側乳房比另一側更容易有感覺，百分之七十五的女性左側乳房較敏感。還有研究報告指出，如果男性不常愛撫女性乳房，老是忽略這個步驟的話，乳房敏感度會變遲鈍。男人們請多用點心吧！

如果告訴各位，以前有過親吻乳房是犯罪的年代，應該會相當驚訝吧？十六世紀的耶穌會傳教士湯瑪士．桑伽斯和安東尼奧．艾斯柯巴認為愛撫乳房為「七大罪」之一。

當時的法國耶穌會居禮神父也主張，兩性之間的乳房愛撫或伸舌接吻是犯重罪的行為。

「親吻胸部等裸露部位的行為屬於淫蕩的行為，有讓人想放縱、恣意而為的高風險存在，應該視為重罪。」十八世紀神學家兼主教的阿芳索．利果里曾如此說過。

阿芳索．利果里後來被列為真福品及聖品*，也是教皇庇護九世公認的教會博士。如此偉大的人物的發言，對當時影響甚鉅。

即使到了十九世紀前期，嚴規熙篤會修道士，也是《正統生理學》作者的皮耶．珍．柯內爾神父仍主張：「愛撫女性乳房，尤其是年輕豐滿的乳房，會讓人產生愉悅的性幻想，要視為重罪判刑。」

一九六〇年代初期，如果有法國年輕女性於祭司面前告解時，請祭司愛撫其乳房的話，結果會是如何？我想，應該會有祭司為了盡其義務，真的照做吧？

殘酷的乳房拷問①

對男性而言，女性乳房是永遠的憧憬，可是一旦由愛轉恨，乳房就會成為相當

---

* 聖品與真福品皆為天主教冊封聖人的位階名。

危險的目標。

以前某位西西里島的羅馬總督愛慕著美麗的女人阿嘉塔，但是信仰虔誠的阿嘉塔拒絕了總督的追求。

當時羅馬國內發布了鎮壓基督教的公告，拒絕總督的阿嘉塔是虔誠基督教徒，遭拒的總督心中懷恨，決定要向阿嘉塔復仇，以鎮壓基督教為理由逮捕了阿嘉塔，並且嚴刑拷問。

總督用火燄燒烤阿嘉塔全身，並特製鐵鉗夾拉阿嘉塔豐滿的乳房，還讓阿嘉塔躺在火紅的木炭上面，要她滾動身體。送往牢獄的途中阿嘉塔就已經斷氣身亡。

男人對乳房的恨意（？）似乎很深，一六〇〇年左右，被當成魔女遭處刑的巴伐利亞人安娜．帕彭海姆（Anna Pappenheim）的故事悲慘至極。

安娜擁有一對與體型不符的豐滿乳房，在當時，豐滿乳房被視為魔女的證據。

遭懷疑是魔女的安娜被抓後，受到嚴刑拷問，直到她承認與惡魔發生過性關係。結果安娜和其夫婿及兩個小孩都被火烤，在處刑前安娜被脫光衣服，燒得火紅的鐵鉗夾住乳房，還將滲滿鮮血的乳房強行塞進安娜和兩名兒子的嘴裡。在當時，這是對女性專設的拷問刑罰。

法國革命時期，對某位伯爵夫人進行拷問的情景。裸露的乳房所承受的痛感真是栩栩如生。後面站著觀賞的群眾。（©Alamy／PPS）

安娜的丈夫則被沉重的鐵製車輪輾斷胸骨，尖刺貫穿他的肛門。全家人被綁在火刑台，下面堆滿木柴，活活燒死。他們連火刑前先被槍殺的最後「特權」都沒有。

先被槍殺再處以火刑，與活活被燒死之間有著極大的差異。在熊熊烈火中所承受的痛苦絕非你我能想像。活活被燒時，在斷氣前必須忍受超過三十分鐘身處煉獄的滋味。

殘酷的乳房拷問②

女性的乳房是男人的嚮往，同時也會成為男人殘酷的復仇對象。關於乳房的刑罰有各種形式，用刀子割，或是夾乳房，抑或是使盡全力用剪刀剪下，都是相當可怕的酷刑。

如同之前述的聖女阿嘉塔，當時在迫害基督教徒時，如果對象是女性，通常會對乳房施以酷刑。聖女克麗絲汀、聖女瑪婷、聖女艾波琳、聖女亞格妮絲等人都遭受割乳之刑。

其他關於乳房的主要刑罰有所謂的「曝刑」，適用於通姦罪，會把受刑者的乳房整個露出來，然後將高舉的雙手綁在暴露台。「烙刑」適用於在禁止區域賣春的女性，將半裸的受刑人綁在刑台，使用火夾烙印乳房。

至於之前提到「割乳刑」，摩洛哥人和土耳其人想出相當獨特的行刑方式，使用盒蓋作為行刑工具，以重力讓盒蓋從上往下掉落，割掉乳房。據說十八世紀的摩洛哥國王伊斯梅爾使用這個方法，對自己的好幾位後宮進行割乳之刑。

殘酷的乳房拷問③

關於殘暴的乳房拷問還有各種不同的形式。比方說在巴比倫或波斯，是用刀子剝下乳房的皮膚。在印度，剝皮之前還先用火烤乳房表面，讓皮膚呈現皮繩狀，再一條一條剝下來。

「剐刑」會用到在輪軸上方轉動的大車輪。將女性身體沿著車輪曲線綁著。每轉動一下，全裸的女體會經過固定於地面的鐵釘，把肉削下來。這時候最先被削掉的當然是乳房。

「吊刑」是於女性乳房周邊插進極深的鉤子，一直吊到受刑人死亡為止。

「撕扯刑」為十八世紀法國採用的刑罰，將受刑人雙腳夾在兩片板子之間，把骨頭壓碎後再撕扯乳房，然後用燒過火的焦油淋在滲血的兩個乳房上。

同樣是十八世紀的法國極刑，還有比上述更加殘酷可怕的。某位在巴黎皇宮賣花的少女為愛生妒，割下任職法國共和國衛兵男友的性器官後遭到逮捕。那名賣花少女的性器官被塞滿麥稈，全身赤裸綁在柱子上，還被割下乳房，打開雙腳，對著塞在性器官的麥稈點火，活活燒死。

裸露乳房的處刑遊行

法國革命期間，每天都有載犧牲者前往處刑台的護送馬車行經大馬路。這時候位於兩旁的公寓窗邊會站著許多露乳的女性，紛紛從陽台將身子探出去。

這些女性故意對著前往處刑台的受刑人擺出淫蕩的姿勢，只為了滿足她們性虐待快感。據說還有人因此刻意花大錢租下窗邊的位置。是不是太瘋狂了？

尤其是法國革命時期那位重要領導人物羅伯斯比爾被送往處刑台時，那些女人

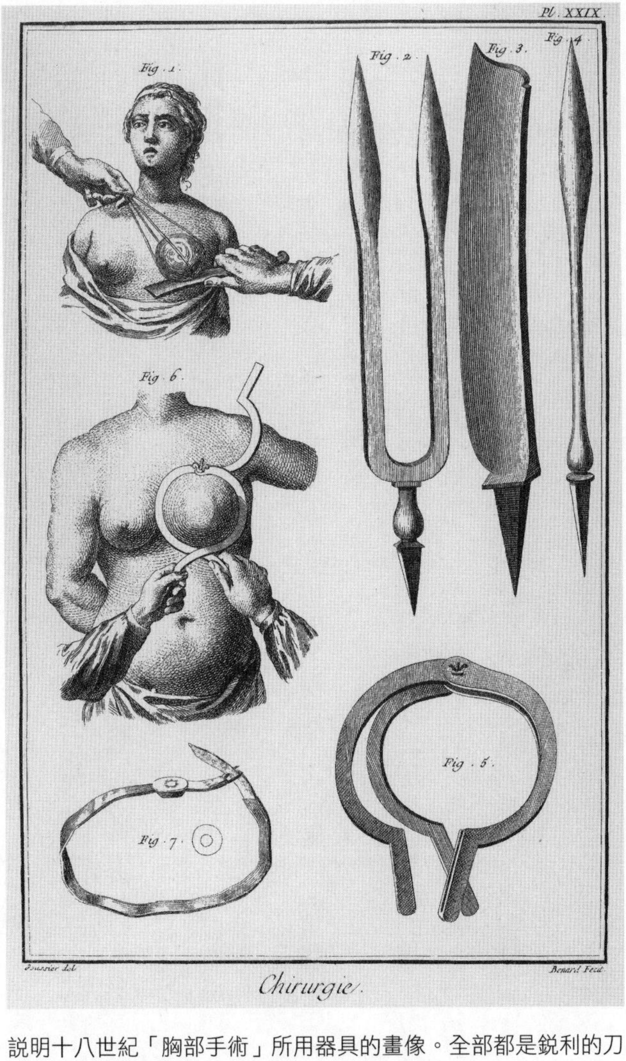

說明十八世紀「胸部手術」所用器具的畫像。全部都是銳利的刀具，到底該如何使用這些器具呢？（©Granger／PPS）

的動作誇張到讓人眼花撩亂，忍不住想閉上眼睛。在高價出租的窗邊，一群女人拚命從陽台探出露乳的上半身……

那些女人以夏日酷熱為藉口，外露整個乳房，並且以淫蕩的姿勢靠在扶手上，探出上半身，同時大聲喊著：「殺了他！殺了他！」天啊，這是什麼情景……

以乳房皮膚裝訂書本

十九世紀，有使用女性乳房皮膚裝訂藏書的乳房癡古書收藏家。這些古書的封面有著以乳房為特徵的立體盾形圖案。

在當時，有人委託住在聖日耳曼大道的裝訂師製作乳房皮膚封面的書，有好幾位實習醫生遭到逮捕。

還有女性在死前對情人說，希望能用自己的乳房皮膚當成封面裝訂成書。其實女性也喜歡特立獨行。

胸罩博物館

一九八七年，洛杉磯的「胸罩博物館」熱熱鬧鬧地開幕了。策畫人為內衣製造商弗雷德里克公司。開幕當天蒞臨的賓客有瑪丹娜、男演員湯尼·柯蒂斯、阿曼達·布萊克等，堪稱是眾星雲集。每位來賓都是致送鍾愛（？）的胸罩給博物館的捐贈者。

為何會邀請男演員湯尼·柯蒂斯呢？因為他捐贈了在電影《熱情如火》扮女裝時所穿的胸罩。

提到胸罩，大牌女演員瑪琳·黛德麗的女兒瑪麗亞·里瓦於一九九三年出版的回憶錄中，吐露了一個耐人尋味的故事。據說黛德麗胸部下垂，對此她有著強烈的心結。

黛德麗為了讓胸形看起來更美，一直在尋找合適的胸罩。每到一個旅遊地點，第一件事就是逛內衣專賣店。搞不好這一次，不對，這次一定可以找到讓形狀「醜陋」的下垂雙峰變成豐挺雙峰的魔法胸罩……

因此只要看到喜歡的胸罩，她都會訂製好幾打。黛德麗為罩衫、毛衣、禮服等衣櫥裡的每件衣服搭配專用的胸罩。

穿大露胸禮服時，因為無法穿胸罩撐高雙峰，她會貼上寬版OK繃托高雙峰，據說黛德麗就是貼膠帶整胸形的創始人。

露乳秀

自豪擁有美乳的知名女性其實也不少。譬如拿破崙的妹妹寶琳娜．波拿巴就是情史相當豐富的巨乳美人。寶琳娜對於自己那對近乎完美的乳房感到相當驕傲。明明侍女已經拿出內衣要為她更衣，她卻裝作不知情，故意全裸在房裡走動。

知名雕塑家卡諾瓦曾以寶琳娜為模特兒，完成作品〈勝利維納斯〉，據說是用寶琳娜的身體直接取型、雕塑而成的作品。姑且不論這個傳說是否為真，在公開作品那一天，湧進了大批參觀人潮。

還有個大膽作風的例子也不遑多讓，時間要再往回推溯，主角是十五世紀法國國王查理七世的愛妾阿涅絲．索雷爾。法國藝術家福格以阿涅絲為模特兒所完成的聖母像作品中，聖母竟然露出半邊的圓潤乳房，幫耶穌哺乳。以國王愛妾為模特兒，又畫了露乳的淫穢姿態，讓當時信仰虔誠的人們相當憤慨，批評這是不道德的作為。

其實，阿涅絲自己也設計了露出半邊乳房的服飾，據說在當時的宮廷相當流行。

完美胸形

據說十六世紀亨利四世的愛妾嘉布莉埃爾．埃絲特蕾胸形更加完美迷人。以她為模特兒完成的楓丹白露派名畫知名度甚高，畫中有兩名裸女並肩站著，其中一名女性用手抓著另一位女性（嘉布莉埃爾）的乳頭。據說這個姿勢暗示嘉布莉埃爾懷了亨利四世的孩子。

提到因美麗雙峰而自豪的名人，絕對不能錯過路易十六的王妃瑪麗．安托瓦內特。瑪麗皇后嫁給路易十六沒多久，也就是一七七〇年左右，就製作了以瑪麗皇后乳房為模型的杯子，現在依舊保存在法國塞弗爾的陶瓷博物館。據說當時是放在小特里亞農宮酪農家裡的客廳，用來盛裝從王室農場母牛擠出的牛奶，獻給皇后飲用時所用。

也許你會認為這般行為忝不知恥，但事實上，從古代就有模仿乳房形狀製作杯子的習俗，據說古希臘奧林帕斯山眾神就是拿著模仿女神阿芙蘿黛蒂乳房形狀的金杯飲用所謂「不死之藥」的生蠔湯。

特洛伊的海倫也以自己的乳房形狀製作了杯子；埃及豔后克麗奧佩脫拉、路易十五愛妾杜巴利夫人也一樣模仿自己的乳房形狀，打造了杯子。

任何時代都有許多以美乳而自豪的女性存在，而拜倒在這些女性石榴裙下的男人更是多如過江之鯽。

喜歡蘋果型或梨型？

一八九一年，法國某本雜誌刊登如下的問卷調查內容：

蘋果型雙峰與梨型雙峰，你喜歡哪一種？

路易十六王妃瑪麗皇后肖像畫。以美乳自豪的名女人，還以自己的乳房為模型製作杯子。製作乳房杯是古代就有的習俗。（©Bridgeman／PPS）

關於這個問題，得到如下相當新奇的回答：

　對肚子餓的人而言，不會在意蛋包飯是加了松露或加了蘆筍，只要有得吃就可以了。我雖然年輕，但是不太挑。我隨時都處於飢餓狀態，說真的，只要是女人，管她是蘋果型或梨型都無所謂。就算是一般的南瓜型，只要有一對乳房就心滿意足了。或許你能遇到擁有更完美乳房的女人，但我認為，我絕對比你還幸福。

到了拿破崙帝政時代，左右分離型乳房相當流行。馬甲製作師傅雷洛伊巧妙運用鯨魚鬚毛，設計出左右分離型的馬甲，替這款馬甲取名為「離婚」。

到了一八四〇年，「懶人馬甲」用的是橡膠繩，不需要再借助侍女或丈夫、情人之手，可以自己一個人輕鬆穿脫馬甲。

這款馬甲的問世，對出軌的婦女而言真是一大福音。在此之前妻子晚上脫衣時，當丈夫發現馬甲繩和他綁的方式不同，就會懷疑老婆出軌。不需要借助丈夫之手的話，也就不需要在意綁的方式了。

II 臀

奇特的「鞭臀」大會

據十六世紀作家布蘭托姆（Brantome）所言，亨利二世王妃凱薩琳曾經舉辦過奇特的「鞭臀」大會。

凱薩琳皇后所率領的知名美女軍隊「特別游擊隊」成員是從侍女中特別挑選的容貌出眾者。她們聽從凱薩琳皇后的指示，有時候要潛入敵營，擔任間諜任務，或是委身於敵人，藉此打探機密情報，可以說是身兼數職。

不過這些身經百戰的女性也有弱點，當然也會出錯。大家共同的弱點就是喜歡被鞭打臀部，能因此得到無比的快感。

被鞭打時，這些美女成員當然會痛苦哀嚎，身體都扭曲在一起。這對凱薩琳皇后而言，這番情景是快樂無比的饗宴。凱薩琳皇后可能是重度的虐待狂吧。

疼痛與羞恥心譜成的性感

提到臀部，在此與各位分享十八世紀哲學家盧梭的故事。盧梭十一歲時離家，寄住在神職人員的家裡。有一天，他因為對寄宿家庭的女兒惡作劇，被罰打屁股。盧梭可能天生就有被虐待狂傾向，臀部被打時竟然有股快感油然而生。

他說：「在疼痛與羞恥心之間，夾雜著一股肉體的快感，比起恐懼，當時的快感讓我很想再有一次這樣的經驗。」

出生於俄羅斯的童話作家塞居爾伯爵夫人的作品中，書中主角小孩要被體罰時，幾乎都是被打屁股。

她的作品《八面玲瓏小惡魔》的主角是一位很會察言觀色的機伶小孩，被體罰前會在屁股貼著畫有惡魔臉蛋的貼紙，然後當施罰者脫下他的褲子，看到惡魔的臉都嚇得大叫，落荒而逃。這樣的故事是不是很感人？

美臀姊妹

十八世紀法國畫家布雪（Francois Boucher）的作品〈褐色頭髮的宮女〉，或是十九世紀法國學院派畫家傑洛姆（Jean-Léon Gérôme）的作品〈羅馬的奴隸市場〉等，都是描繪女性迷人臀部的名畫，而且，類似的畫作數目多到不勝枚舉。

收藏於拿波里博物館的雕刻作品〈Vinus Karipigis〉，人們稱為「美臀維納斯」，是古希臘時代末期的作品，維納斯撩起裙襬，露出讓她引以自豪的美麗臀部。

關於這個作品的誕生，流傳著以下的故事：

古希臘某個平民家中，有對美女姊妹，兩人都以美臀自豪。她們想知道誰的臀部才是最美麗的，於是走到街上露出臀部讓路人鑑定。有位年輕人路過，忍不住讚美姊姊的臀部。

這位年輕人回家後，告訴弟弟這件事，弟弟無論如何都想親眼見證。兩兄弟於是為了鑑定美臀一起出門，結果弟弟認為妹妹的臀部比姊姊的美。這對兄弟就各自與這對姊妹花談戀愛，最後還結婚。

因為美臀促成了兩段姻緣，為了紀念他們，就建造「美臀維納斯」神殿供奉這座雕像。

美臀大賽

古希臘時代曾經舉辦過美臀大賽。文獻中留下這樣的紀錄，描述在酒神祭中，托琉亞里絲和繆里涅兩位妓女爭奪美臀寶座的情景。

在觀眾的喝采聲中，托琉亞里絲和繆里涅開始搔首弄姿，只為展現最美的一面，希望得到觀眾的青睞。首先，繆里涅鬆開衣帶，露出裡面的絹絲衣服，擺動著腰部，三百六十度旋轉著身體。

不過托琉亞里絲也不是好惹的，她脫下衣服，將臀部高高翹起，讓大家欣賞。「繆里涅小姐，請妳看一下我的肌膚。妳看它是如此一塵不染，如此美麗；再請妳看看雙腿至臀部的紅潤膚色，我的大腿不會太粗，也不會太細，簡直就是穠纖合度。對了，再請妳看看我腰間的酒窩。」

托琉亞里絲很熟練地擺出各種美臀姿勢，開始慢慢地朝四面八方移動展示。美臀大賽的鑑定標準不是只看臀形美不美而已，擺的姿勢和移動方式也會列入計分。

最後托琉亞里絲以迷人的腰窩打敗了繆里涅。腰窩是指位於腰椎左右兩側類似酒窩的小凹槽，這也是美臀的必備元素。

打屁股

SM遊戲中，有個遊戲名稱為「Spanking」（打屁股），可以徒手打屁股，或使用鞭子、刷子摑臀部，盡情體會美臀的觸感。

然而，打屁股原本是一種刑罰。「女家庭教師」是指在妓院最擅長鞭打或打屁股遊戲的「女王級」妓女，二十世紀初期的巴黎，有好幾家妓院祕密提供這項服務，相當受歡迎。

當時的妓院非常流行「活人畫」的服務。活人畫遊戲有各種型態，其中一項就是使用鞭子處罰。讓做了壞事的學生全部面壁站立，然後撩起她們的裙子，露出臀部。

接著，穿著黑色衣服的老師就執起鞭子，毫不留情地鞭打，客人就坐在附近欣賞。到了二十世紀，還把打屁股的照片印在明信片上，出口到各個國家，人氣十足。

打屁股的用具

隨著打屁股的盛行，各種打屁股的用具也紛紛問世。其中有一項名為「打屁股板凳」，換言之就是打屁股專用的椅子。為了讓施刑者好辦事，椅子的造型設計讓臀部剛好擺在方便施打的位置。

因為這樣的設計，被綁的受刑人必須擺出淫蕩的姿勢翹起屁股。這款板凳是使用堅固鋼鐵製成，如果被綁著的受刑人，就算拚命掙扎，也難逃鞭打。

還有一種打屁股專用的內褲，只要穿上這種內褲，就只有臀部會露出來。這款內褲是十八世紀的發明，也就是所謂的三角褲襪。打屁股專用的內褲有兩種，一種是兩片接縫型，另一種是將布斜線疊合接縫，只要拉左右兩側，就能讓臀

一九一二年的畫作。西方人打屁股或鞭刑的作法與日本人的感性不同，滿色情的吧？（©AKG／PPS）

部外露。還有一種內褲的造型像四角窗，使用鈕扣固定在臀部，只要解開鈕扣，像是打開窗戶一般，臀部就會外露。

整個外露的臀部有時候太逼真，可能會讓人嚇到，相對於此，從內褲的洞若隱若現的臀部是不是反而比較誘人、更加性感呢？

不同於殘酷的鞭刑，不會看到一滴血的打屁股刑罰，也就是所謂溫和派SM遊戲，在日本似乎有不少擁護者。

Ⅲ 腳

最原始的性象徵

很久很久以前，「腳」即被視為是男性生殖器的象徵。因為腳是與大地接觸的部位，難免會與豐饒或生殖力聯想在一起。如果腳是男性生殖器，包覆雙腳的鞋子就象徵著女性生殖器。知名心理學家佛洛伊德也說過：「腳是最原始的性象徵。（略）鞋子或鞋往往是女性生殖器的象徵。」

在法國某個地方，有個要好好保管新嫁娘結婚當天所穿鞋子的習俗。只要好好保存這雙鞋，不僅夫妻關係會圓滿，還能福澤子孫。

此外，在世界各地的婚禮中，都有新郎親手解開新娘鞋子繫繩的儀式。這個儀式預告著，接下來的初夜時刻，新郎將會解開新娘的處女之身。

還流傳著這樣的故事：第二次世界大戰結束後，義大利的經濟情勢在歐洲諸國中最為危險困頓，許多人民買不起鞋，戰勝國美國想幫義大利解決燃眉之急，捐贈了兩艘船的美國製鞋子，都是講求實穿、製作得相當堅固的鞋子。

義大利政府雖然向美國致上最深的謝意，但表示現況不需要鞋，懇請美國送給其他國家。據說真相是因為這些美國製鞋子一點都不漂亮性感，義大利人民就算窮，也堅持不穿這樣的鞋子。

講究時尚的義大利人民寧願光著腳走路，也不想穿上以堅固實穿著稱的美國鞋。

纏足——讓性愛更甜蜜的技法①

中國知名的「纏足」習俗是在女性很小的時候，用布層層包纏住腳，並穿上小尺寸的鞋子讓腳變形不會長大，即使長大成人，腳也只有十公分左右。

這麼小的腳走起路當然相當危險，但看在男性眼裡，卻覺得小腳魅力十足。據說楊貴妃的小腳不到十公分。

中國人原本就喜歡充滿女人味的小巧腳型。有句俗諺說：「小腳能掩蓋女性四分之三的缺點。」關於纏足的起源眾說紛紜，但有個這樣的傳說：十一世紀的中

纏足的女性。纏足是一種性感的表徵。但從照片看來，總覺得這樣的雙腳會難於行。（©Granger／PPS）

國，有位王妃天生一雙又短又歪的蝦足。為了不讓這位王妃感到自卑，國王便頒布敕令，要全國女性把腳型弄得跟王妃一樣，才稱得上具備女性魅力。

纏足方法如下：除了大拇趾，其他所有腳趾頭的第二關節以下整個往腳底彎折，再用布包纏繞。通常小女孩五至六歲左右開始纏足，隨著年齡增長，布會愈纏愈緊。

最後的纏足尺寸是長四吋、寬二吋，根本不像人的腳型，而是洋娃娃的腳型。大概需要纏足四至六年左右，才會有這樣的結果。

纏足——讓性愛更甜蜜的技法②

纏足必須具備「肥」、「軟」、「秀」三項美麗元素。「肥」是指豐腴嬌豔，「軟」是柔嫩潤澤，「秀」是指形狀美。

纏足除了是一種女性腳的人工雕塑法，也有讓性愛更甜蜜誘人的目的。腳一旦變形，走路時會比正常人還吃力。施力走路可以鍛鍊腰力、強化肌力，當然也能讓性器官更加緊實。

讓女性纏足其實還有另一個目的，一旦腳變形，女人就無法獨自外出。纏足如同貞操帶，說穿了，不過是男人嫉妒心及獨占欲等心理作用下的產物。

纏足後走路幾乎不會使用到腳底，腳底會變得非常豐腴柔軟，會形成極深的裂痕。在男人眼裡，這個裂痕宛若陰唇。

還有，如果將鼻子湊近解開纏布的纏足，會聞到一股無法用言語形容的迷人芳香。

關於纏足，就有著「懸」、「吮」、「舔」、「咬」、「吞」、「握」、「捏」、「搔」、「扭」、「跳」、「擁」、「玩」、「弄」等性愛技巧。

「懸」乃是用布將雙腳懸空垂吊於櫃子的體位；「吮」是親吻纏足的動作；「舔」是舔纏足；「咬」就是咬腳；「搔」為搔弄；「吞」是含著的意思；「握」是緊握纏足；「捏」為抓捏；「扭」就是扭轉的意思。

「跳」是將一隻纏足跨在肩上，握著另一隻腳的姿勢；「擁」就是抱於胸前；「玩」是用一對纏足的腳底夾著男性性器官，予以按摩；「弄」是雙腳腳底貼合，讓男性性器官插入縫隙。

這些技巧都是相當深奧的姿勢。為了追求快樂，付出再多的努力也在所不惜。

人類啊，難道不會覺得自己業障很深嗎？

足交妓女

《腳、鞋、性》（*The Sexual Life of The Foot and Shoe*）作者威廉・羅西（William A. Rossi）在書中描述他邂逅「腳的快樂宮殿」的體驗。那是一間以腳為客人帶來歡愉的店。

擁有一雙美腿是該店女員工的必備條件。雙腳要纖細且動作靈敏，皮膚要光滑美麗，還要有迷人的趾甲。這些條件都具備的話，接下來會有專家負責訓練，傳授靈活使用雙腳的性愛術。

蒞臨該店的客人全是希望能享受性愛過程中，以雙腳為道具的前戲。別小看腳，用法其實相當多樣。比方說讓女方用腳愛撫局部，或是含著女方的腳趾頭，或將自己的大拇趾伸進女方下體。

印度性愛術中有一項是女方親吻男方的腳趾頭，這也算是一種變相的口交行為。

該店的女服務生表示，世上的男人，有的喜歡女方為他口交，有的喜歡舔女方下體，也有人喜歡女方用乳房為他愛撫，本店客人就是對雙腳愛撫行為情有獨鍾。許多客人初嘗甜頭後，都上癮了。

那位女服務生還說，她做這一行已經十年，客源從未減少，常客是與日俱增。在巴黎、柏林、東京等國際大都市，都有類似的尋歡店存在。因為男性喜歡女人用雙腳為其局部愛撫，絕對不算稀罕的行為。

鞋子魅力的「性領域」

據剛才那本書的作者所言，某位現代美國的知名設計師其實是位戀鞋癡，這件事很多人知道。他的辦公室擺滿了從世界各國收集而來的繽紛女鞋。因為他是一名鞋子設計師，旁人也不疑有他。

他會在家裡舉辦來自世界各地的女鞋展示會，還為此特地蓋了間特別室保管鞋子，層層上鎖不准任何人入內。

他為房間取名為「性領域」，有時候會瞞著家人，躲進裡面。在房間裡，他播放喜歡的背景音樂，在一整面牆排滿女鞋的通道之間遊走，不時停下腳步，伸手摸摸那些鞋子，跟它們說話，溫柔地以指尖撫觸。

在設計師眼裡，這些並不是鞋子，說是女人更貼切。他還會挑選喜歡的鞋子，拿到床上自慰。以女性觀點來看，或許會覺得這樣的行為讓人作嘔，但這位設計師的感情相當真誠。

就像對待心愛的女人一樣，輕聲細語地說著愛的語言，用手指愛撫，溫柔親吻，用鞋子壓觸自己最敏感的部位。

這種情況下，鞋子已經不再是鞋子，而被賦予了某種人格，不是嗎？搞不好從未被設計師選中的鞋子，因為嫉妒老是贏得青睞的鞋子，背著設計師進行可怕的復仇計畫呢！

Ⅳ 性器官

監督射精次數的女官人

在古代，各地都存在崇拜男性性器官的宗教信仰，統稱為「陽具信仰」，陽具是豐沛生命力及大自然力量的象徵。

西元前三千年至前二千年左右，印度地區的陽具信仰被稱為「林伽信仰」（Linga），膜拜對象是濕婆神的陽具。

濕婆神又稱「暴亂之神」，在印度教的古籍聖典《梨俱吠陀》（*Rigveda*）中，被稱為可怕的破壞之神樓陀羅（Rudra）。濕婆神的陽具信仰認為濕婆神身上誕生了無數的生命，而且具破壞性，展現了自然界原理。

以前印度的國王會在鎧甲裡面穿著鑲滿萬千顆鑽石、帶有鎖鍊的保護衣出席即位典禮。為了在人群中讓自己看起來像一顆閃耀的大寶石，每顆鑽石都經過精細切工，鎖鍊的中間會有一顆特大號鑽石閃閃發光。

更奇特的是，整個加冕儀式中，國王必須讓陽具一直處於勃起狀態，代表國王證明自己是真男人，因為身上每顆鑽石都閃閃發光，也象徵國王把自己比喻為信仰的對象濕婆神。

根據《陽具文化史》一書的作者馬克．波納德（Marc Bonnard）及麥克．舒曼（Michel Schouman）所述，以前在印度專門侍奉國王的官人中，有個職稱叫「伽奇卡」（gachika），負責管理國王的精液狀態。

擔任這項職務的女性年齡在三十歲左右，必須是單身，擁有美貌與豐腴的身材，而且要舉止優雅。伽奇卡總是穿白色服裝，還要通過印度傳統醫學阿育吠陀的醫生檢定，擁有不孕體質的人才能擔任。

當時認為國王精液的品質好壞會影響後代的智慧及個性，伽奇卡要一直監督國王的性交次數。那時候的人們認為，男性太長時間未親近女性的話，精液會變質。

當伽奇卡發現國王性交次數不足時，她必須成為國王的性交對象，把自己獻給國王。

如果當時國王沒有意願，伽奇卡必須靈巧地用她的手愛撫國王，將精液留在木棉布上，然後將這塊木棉布拿到宮廷的祕密庭園燒掉，監視整個過程的「國王排泄物監督人」會注明在筆記本上的木棉布數量欄。

伽奇卡地位崇高，且被保障擁有高薪，但是就算免職了，也不能與男性發生關係。不過停經後就是自由身，曾經擔任過國王的伽奇卡，可說是未來能嫁入豪門的最佳保證書。

普里阿普斯神信仰——用蠟製成的性器官供品

普里阿普斯神是希臘神話中掌管豐收與生產之神，祂是愛與美的女神阿芙蘿黛蒂與信差之神赫米斯（也有說法是跟酒神戴奧尼索斯所生）的孩子，也就是生殖之神。普里阿普斯有著異於常人的外表，雖然身軀嬌小、全身長滿腫瘤，卻有著勃起的巨大陽具。

普里阿普斯喜歡活驢祭品。據說是因為他曾跟驢比較陽具的大小，結果祂輸了；還有一次祂看見永遠的處女之神亞緹米絲在打瞌睡，打算惡作劇靠近女神身邊時，驢子從中阻撓。

在法國，普里阿里斯神信仰一直流傳至十九世紀初期。譬如聖波坦、聖盧內、聖基紐雷、勃艮第的聖亞諾、安茹的聖勒南、勃艮第的聖帕特納等，全都是普里阿普斯神的替身。

生不出孩子的婦女會參拜這些聖人，祈求能夠懷孕。參拜時，絕對少不了用蠟製成的陽具供品。

這些婦女祈願完畢後，會用刀子削下供奉於祭壇的木製陽具尖端。然後將木片浸泡在少量的水裡，一飲而盡，據說喝了泡過陽具木片的水就能治好不孕症。

擺在蒙特勒伊和布勒斯特禮拜堂的聖基紐雷石像是全裸橫躺的姿勢，身上有著巨大的男性性器官。基於剛才所述的傳說，女性信眾會用刀子削掉石像陽具的尖端，導致尺寸變小。

到此為止，石像的命運都跟其他聖人像一樣。但有一點例外，其實這座石像的陽具是後來才裝上去的，被信眾削得變小後，可以從後面壓著取出替換。

預防處女膜受傷的方法

伊斯蘭教徒認為女兒的處女身象徵家族名譽，非常寶貴。雙親為了不讓女兒的處女膜受傷或破裂，總是小心翼翼地養育女兒。

譬如做體操時，會吩咐女兒雙腿不要張得太開，也禁止女兒爬柱子或把樓梯扶手當溜滑梯。上澡堂時，母親會檢查裸身的女兒，每個細節都不放過，只要女兒生理期稍有延遲，就會大驚小怪。

女兒上廁所時，會傾聽排尿的聲音。據說處女膜完好與破裂時，排尿的聲音有所不同。

在伊斯蘭宗教圈有個擁有特別權限的內務省官職，職稱為「亞里法特」。當雙親懷疑女兒的處女身時，會請亞里法特檢查。在紅色燈光照射下，亞里法特就在家人守護下脫光女孩的衣服，打開其雙腿，檢查處女膜。

如果接觸過男性性器官，女孩的處女膜局部黏膜顏色會變深。檢查結果認定女孩是處女身的話，亞里法特會宣誓證明。

封鎖陰部

古羅馬有個「陰部封鎖」男性陽具的習俗。如字面所言，不想與女性發生性關係的話，就進行陰部封鎖。

作法如下：先壓著龜頭，將包皮集中於龜頭上面，兩端開個小洞，穿線打結。傷口如果沾黏會非常麻煩，有一段時間必須每天拉線，等傷口痊癒後扣上扣針，再焊接。

這樣陰部封鎖手術就算全部完成，可是會覺得下體有東西堵著，要將已封鎖的陽具收納於木製盒裡，再用帶子吊在身上。

據說古羅馬時代有許多男演員都裝了扣針，許多富家女都殺紅了眼，死命追求進行過陰部封鎖手術的男演員。

因為裝了扣針的男人性欲無處發洩，體內累積了極高的衝動能量。哪天將扣針解開時，受到壓抑的性欲會整個爆發，據說有男演員大戰三天三夜都不會累。

男演員當然不會賤賣自己的肉體，在扣針被解開前會吊足富家女的胃口，死皮賴臉地要求女方支付高額報酬。

這些富家女因為期待，心中澎湃不已，各位可以想像一下，慢慢伸手解開躺在床上男人的扣針時，欲火焚身的女人們會是什麼樣的表情。

然而，不管多麼熱情激盪，畢竟是一種商業性的交易行為。不論古今中外，性永遠都被商品化。只要有買家存在，這個現象就不會消滅……

男性性器官功能正常的證明

以前猶太教的拉比在教堂講課時，必須秀出自己的男性性器官功能正常的證明。後來，天主教祭司也被要求要示出相同的證明。

羅馬法王即位時，也必須證明自己是真正的男子漢！

新選出的法王必須裸露下半身，坐在形似古代便器的椅子上。椅子會開一個洞，法王的性器官剛好從那個洞往下垂，然後負責檢查的樞機主教會從下面往上看，確認新法王是道地男子漢。

之所以會有檢查儀式，是因為西元九世紀時，一位名叫約翰尼絲的女性扮男裝，以法王之姿在位了一段時間。這位被稱為「教皇約翰娜」的女性因為愛上了某位樞機主教，還懷了他的孩子，孩子出生後，大家才知道她是女人。

據說現在倫敦的《天主教先鋒報》編輯彼得．史丹福曾經在梵蒂岡美術館的特別室裡，親身坐過那張椅子。根據他的描述，那張椅子確實有個鑰匙形狀的洞，剛好讓男性性器官伸進去。

讓世人蒙羞的事件

西元一一一九年的某一天，在歐洲地區屈指可數的神學家兼哲學家皮耶・阿伯拉遭遇到讓他意想不到的羞辱事件。他如此描述當時的心情：

某天晚上，我在宿舍的別室睡覺時，家裡那位被收買的僕人帶領那些人進來，對我進行野蠻粗暴、屈辱無比的復仇行動，震驚了整個社會。他們割掉我身體的一部分後，立刻逃走。

（略）我深感困惑，他們帶給我的恥辱遠勝於肉體的疼痛。一直以來我都擁有美好的名聲，也因此備受禮遇。然而這一切卻在一瞬間如此輕易的瓦解，而且永遠消失。

內容中所寫的他們究竟是何方神聖？還有，為何要對阿伯拉復仇？

法國中世紀的知名大學者阿伯拉與其學生哀綠綺思的熱戀正是這場事件的導因。

阿伯拉三十七歲時，邂逅了有一代名媛之稱的十七歲少女哀綠綺思，並且愛上她。阿伯拉想方設法巴結哀綠綺思的監護人，也就是她的叔叔，最後終於成功住進哀綠綺思的家裡，成為她的家庭教師。兩人馬上陷入熱戀，不久哀綠綺思就懷孕了。

貧窮的學者阿伯拉偷偷地帶著哀綠綺思回到自己的故鄉，讓哀綠綺思生下孩子。監護人叔叔相當生氣，但是阿伯拉努力說服了叔叔。他以絕對不會向社會公開兩人關係為條件，讓叔叔同意他與哀綠綺思結婚。

但是叔叔認為既然姪女的貞操已被玷污，唯有公開結婚消息才能守住家族的名聲。結果叔叔破壞約定公布結婚消息，還對遭到指指點點，想極力否認結婚事實的姪女施暴。

被逼到絕路的阿伯拉趕緊帶著哀綠綺思躲到修道院避難。但結果還是發生閹割事件。

從雲端突然跌落谷底的阿伯拉因為感到「困惑與屈辱」，就躲在聖德尼修道院。他的「妻子」也被迫進入修道院成為耶穌的新娘，也就是修女。兩人之間還是不斷有書信往來，這些書信就是家喻戶曉的《阿伯拉與哀綠綺思的情書》。始終只愛阿伯拉一人，無法切斷與阿伯拉之間情緣的哀綠綺思在信中如此寫道：

與你共享的歡愉之愛實在太甜美，無法從我記憶中抹去。不論我身在何處，面對何人，眼前總是浮現當時的歡樂景象，因為那是激發我內心欲望的真愛。「妻子」的稱謂或許聽起來比較尊貴體面，但我認為「愛人」更加甜美響亮。如果您不嫌棄，稱我為妾或妓女，我也不會在意。

這些書信的內容都相當知名。雖然將自己奉獻給神，但從這些情書中，還是能感受到，哀綠綺思對阿伯拉那熾熱的愛戀與執著。

V 毛髮

悲傷的寡婦頭髮

收集女性頭髮或陰毛等嗜好的人其實並不少。不過在歐洲地區，自中世紀以來便悄悄流行著收集寡婦毛髮的嗜好。

一九九四年，巴黎某位五十幾歲的男性公開他收集到的三十四根寡婦頭髮。據說他經常在墓地流連，尋找寡婦收集頭髮。

他會向出現在墓地的女性問話，確定是否為寡婦，再問人家是否可以送他頭髮。或是從該女性參拜的墓碑名推測對方為寡婦，撿起掉落的頭髮加以收藏。

這位男性說，年輕寡婦、上了年紀的寡婦、心境開放的寡婦、身處絕望情緒的寡婦等個性或年紀不同的寡婦頭髮都具備著不一樣的奇特魅力。

施特克爾博士（Dr. Steckel）曾說，寡婦只有兩種：一種是在失去丈夫的同時，便把自己身為女人的魅力也跟著一起埋葬的女性；另一種是將悲傷與亡夫的遺骸一同埋葬，懂得盡情享受往後快樂日子的女性。

一般說來，女人都是因為丈夫才懂得魚水之歡，可是後來丈夫年紀漸長，或是對妻子漠不關心，加上每天忙於育兒工作，只得壓抑內心對性愛的渴望。許多女性在丈夫死後，一直深埋於內心的女人天性終於覺醒了，也開始懂得享受生活。

有人問那位寡婦頭髮收集家，寡婦頭髮有何魅力時，他如此回答：

「最初她們的頭髮充滿著悲情，所以收藏那時候的頭髮。可是，再見第二次或第三次面時，其頭髮散發的氣息就會有所改變。」

男性私處體毛展

一九五七年的法國，當時的社交界之花茱麗．拉弗雷四十二歲。她曾跟在法國屈指可數的實業家結婚，但丈夫在她年輕時離世，因而繼承巨額遺產，往後有十幾年時間都過著孤寂的單身生活。

然而有一天，拉弗雷突然告別寂寞的寡婦生活，開始跟多位男性交往，盡情享樂。可能為了消磨老後的無聊時光，她想到了一個點子：留下與這些交往過的男人之間值得回憶的東西。

於是，每次跟男人過夜後，她會讓對方聞哥芳羅*入睡，確定熟睡後使用電動刮鬍刀，小心翼翼剃下局部體毛。

根據後來警方的搜查報告，從拉弗雷宅邸搜出兩百零四個裝著男性恥毛的紙袋。紙袋上面還記錄著剃下恥毛的日期、時間與對方的姓名。其中有美國政府高級官員、巴黎市議員的名字，更讓人訝異的是，竟然有一位日本男性姓名出現其中……

當紅妓女「浮現水面的恥丘」

提到私處體毛，不能不提十九世紀後期的某個法國妓女。這位妓女名叫歐蕾安，擁有一張漂亮臉蛋，身材性感，卻有個異於常人且眾人皆知的祕密，那就是個性十足的陰毛。

---

*哥芳羅，學名三氯甲烷，吸入過量會昏迷。

她的陰毛向上覆蓋整個腹部，往下垂到膝蓋下方。客人為她取了「浮現水面的恥丘」這個綽號。

這項人氣祕密喚來更高人氣，每天都有許多人從境內各地趕來，只為一看歐蕾安奇異的陰毛。這些人真的是戀物成癡的瘋子啊！

金色私處體毛

根據一九八八年某份問卷調查，發現近七成的英國人對金色陰毛情有獨鍾。據那份調查所述，除了部分例外，一般人就算是金色頭髮，腋毛和陰毛的顏色都會比髮色深。換言之，金髮女性的髮色與陰毛顏色是不一樣的顏色。

而且，多數金髮女性皆發現自己的髮色與陰毛顏色不同，所以會擔心在做「那件事」的時候，男方會不會因「顏色不同」而說自己違反約定。

有的金髮女性，其陰毛是淺栗色和黑色混色或白色與黑色混色。紅髮女性中有人的陰毛近似粉紅色，反而更顯珍貴。

紅毛妓女

自古以來，人類便將紅髮視為邪惡的象徵。很長一段時間，紅髮都與不名譽、嫉妒、狡猾、殘酷等名詞畫上等號。

之所以會有這種差別待遇，創世神話中的某個故事算是導因之一。歐西里斯神話中的歐西里斯之弟塞特到了晚上或處於黑暗環境中，會化身為無毛人。據羅馬帝政時期大作家普魯塔克所述，塞特是一位脾氣暴躁、相當固執且妒意甚深的人，還是一位紅髮人。

塞特太嫉妒兄長歐西里斯，最後竟殺死親哥哥奪取埃及王王位。為了隱瞞殺害親哥哥的事實，他將歐西里斯的身體切成十四塊，分散於埃及國土。普魯塔克說，因為這個傳說，世人才會討厭紅頭髮的人。

後來人們為了壓制塞特的怒氣，舉辦儀式，獻上許多紅髮人當活祭品。

自古以來就流傳這樣的說法，紅髮人體味很嗆。十九世紀的法國流行一句諺語：「紅髮女人體味太臭時就會下雨。」因為氣味會改變空氣的濕度。這句俗諺是在諷刺紅髮女人體味太重，連老天都難受到下雨了。

而且，紅髮人一定會有雀斑。知名的法國時尚設計師桑妮亞·里基爾（Sonia Rykiel）曾在書中如此寫道：

> 我的髮色是所謂的紅鏽色，而且滿臉雀斑。小時候母親總是一早就叫醒我，用朝露幫我洗臉，但是完全無效。（略）聽說我出生時，接生的產婆以為我的臉塗到血，還用雙氧水擦我的臉。我出生時，我就像個全身是血的紅嬰孩。

紅髮女性雖然給人以上的負面印象，但也有人認為紅髮女性相當性感熱情。十七世紀至二十世紀的歐洲知名色情場所，一定會僱用好幾位紅髮妓女，因為有客人獨愛這一味。在當時紅髮女性與孕婦，或身障女性同被列為「異形人物」，享有「特別待遇」。

留名歷史的妓女多數是紅髮人，綽號紅毛羅莎的妓女卡門·高登是印象派畫家羅特列克的模特兒，她也因此成名。

嚴刑審問魔女的情景。據說當時被當成魔女，遭嚴刑火烤的數千名魔女中，幾乎都是淺黑髮色或紅色頭髮的女性。

十九世紀高級妓女柯拉·珀爾則一反紅髮女性熱情性感的形象，言行舉止相當挑釁，愛情觀開放，經常鬧出醜聞。她用黑瑪瑙做了模仿自己乳房形狀的酒杯，分送給她的愛人們。

總之，眾人對於紅髮女性的評價有好有壞，這樣的情況也持續了好幾個世紀。

女性裸體畫看不到陰毛

十九世紀法國寫實主義派畫家居斯塔夫·庫爾貝（Gustave Courbet）的作品中，有一幅名為《世界起源》的驚人畫作。那是一幅從正面角度描繪女性下腹部的作品，女性私處體毛當然畫得很清楚。

看在身為女性的筆者眼裡，認為畫得相當逼真，感覺有點噁心。不過，不曉得男性朋友做何感想。應該有人會大感驚訝，覺得性感的人也不少吧？

歷代畫家在描繪裸體時，最困擾的莫過於私處體毛的問題。好幾世紀以來，畫家們為了這個問題費盡心思。

通常不會畫出體毛，或是叫模特兒擺出剛好遮掩該處的姿勢。不然就是用模特兒的手或垂下的長髮遮掩，抑或利用薄紗、小樹枝等道具。

總之，除了少數例外，畫家與雕刻家一直以來很清楚描繪女性裸體時，陰毛絕對不會畫出的成規，也都確實遵守。

正因為如此，才會發生命運捉弄般的故事。十九世紀英國知名美術史評論家約翰·羅斯金（John Ruskin）二十九歲時，與名叫艾菲的女性結婚，但在新婚之夜卻無法與妻子圓房。

一直以來，羅斯金只看過畫中的女性裸體，當他看見艾菲的陰毛時大受驚嚇。後來只好跟艾菲離婚。

即使到了十九世紀中期，人們仍然認真討論羅浮宮美術館所有雕像股間是否該用葡萄樹樹葉遮住的議題，由此可見，私處體毛真是個淵源甚久的議題。

獵魔女行動始於淺黑髮色的女性

不需要舉瑪麗蓮夢露為例，西歐地區從古迄今，金髮女性都很受歡迎。金髮女性一向比淺黑髮色的女性少，當然是物以稀為貴。不過，黃金色的髮色與白皙肌膚和藍眼睛確實相當速配，散發出一股神祕妖豔的氣息。

原本西歐男性就認為金髮女性溫柔且善解人意，淺黑髮色女性熱情奔放，充滿活力。

中世紀歐洲可怕的魔女狩獵時期，幾千名被認為是與惡魔相通、遭到火刑的魔女，幾乎都是淺黑髮色或紅頭髮的人。至於描繪聖母瑪麗亞或天使的畫作、雕像，大部分都是金髮女性，實在不符合事實。

到了文藝復興時期，金髮女性人氣更加高漲，想當個美麗有魅力的女孩金髮是不可或缺的條件。

於是女人開始流行染金髮。當時義式的房子在屋頂上方有個名叫「Altane」、沒有天花板的木造建築物，婦女同胞會整天待在這個地方，讓陽光曬頭髮，而且都選在一年當中陽光最強的盛夏。

據說她們頂著酷熱的陽光，將尖端綁著海棉的短棒浸泡在某種清潔液裡，然後將頭髮弄濕、曬乾，再弄濕、曬乾，終於成功染成金色。

所謂的某種清潔液就是用布包木炭灰，再沖熱水製成灰水，用這個灰水熬煮蕁麻草種子或菊苣，熬煮成泥狀的滷汁。每週兩次用這個滷汁染髮，數月以後就能看到效果。但染髮時一定要待在酷熱的Altane曬太陽才行。

如果是妳，就算為了變漂亮，也無法忍受這種如拷刑般的酷熱吧？後來成為法國國王亨利四世王妃，也就是歷史上知名蕩婦的瑪歌皇后發明了更快速的方法。瑪歌皇后養了好幾名金髮女侍童，當這些女侍童頭髮長了，就把她們的頭髮剪掉，做成金色捲髮的假髮。

金髮的信仰與瓦解

十七世紀左右，一直以來偏愛金髮的男人終於懂得欣賞黑髮或褐髮的美，十九世紀簡直就是淺黑髮色的全盛時期。每個地方的咖啡館都能看見男人為金髮美或淺黑髮色美的議題開辯論會。

當時在倫敦發行的某本美容術書籍還刊登「讓髮色變黑的希臘化妝水」的製作方法。

使用六盎斯的蒸餾水混拌兩德拉克馬*的硝酸銀，再加入兩德拉克馬的橡膠水及喜歡的香精，將頭髮泡在裡面。不過，這個方法有危險性，絕對不能讓液體沾到皮膚。

光聽就覺得危險，但想把頭髮染成黑色的女性與日俱增，導致這種染髮液的售價貴得嚇人。

到了二十世紀「電影」問世後，銀幕上又是金髮美女的天下。一九三〇年代，以白金髮色風靡全球的女演員珍·哈露掀起了這股風潮，二次大戰後的國際好萊塢巨星，幾乎都是瑪麗蓮夢露、葛麗絲·凱莉、珍·曼絲菲等金髮美女的天下了。

戰敗者頭髮是打勝仗的證明

在古代剪頭髮、剃髮是不名譽、奴隸或刑罰的象徵。不論古希臘或古羅馬，為了區別奴隸與一般市民，奴隸必須剃光頭。據說希臘征服利西亞時，利西亞人以繳納高額賠償金為條件，逃過剃髮之刑。

應該有人對於第二次世界大戰後，法國各地協助納粹黨，對從事賣身行為的婦女施以剪髮或剃髮等羞辱之刑的事情仍記憶猶新吧？

中世紀墨洛溫王朝初期，歷屆君王全部留著一頭長髮，大家稱呼他們為「長髮國王」。當時只有國王有留長髮的權利。

西元五八四年，法蘭克王國希爾佩里克一世在歐爾遭到暗殺，就是因為他那一頭豐厚長髮，才能辨認出那是國王的遺體。

比方說不想承認孩子有繼承權時，只要剃光他的頭髮即可。對小孩而言，剃頭是無比的羞辱，而且一輩子不能再留頭髮。

西元五一一年，克洛維一世剛去世，他的四名兒子立刻分割國土。後來當奧爾良領土的國王克洛德馬遭暗殺，其兄弟巴黎領土的國王希爾德貝特和蘇瓦松領土的國王克洛塔爾打算殺了克洛德馬的三個兒子，奪取奧爾良領土。

可是年邁母親克洛蒂爾很疼這三個孫子，事前希爾德貝特問母親：

「您認為我要剃光他們三人的頭髮？還是殺了他們？」母親毫不猶豫回答：

＊德拉克馬（Drachma）：古希臘重量單位，約是四點三七公克。

「剃頭是奴隸的標誌，你倒不如殺了他們！」

結果，除了逃走的克洛多爾多，其餘兩人皆遭到殺害，畢竟對當時的人們而言，頭髮可是比生命還重要的東西。

打勝仗時，敗者頭髮就是勝利的象徵，是重要的戰利品。這跟日本武將堅持要獵取敵人首級的習俗相同。

為了禁忌的「歡愉」與「性愛」而生的人們

Part 1

歡愉的「奴隸契約書」——瑪奏柯

甘願受苦的欲望

為何奧地利作家瑪奏柯（Leopold von Sacher Masoch）會成為受虐狂？筆者反覆自問幾萬遍，依舊找不到正確答案。不過瑪奏柯幼時的一些經驗確實是讓他與生俱來受虐傾向更深化的原因。

譬如那位農婦出身，擁有豐腴身材、負責養育瑪奏柯的奶媽，以及奶媽每天晚上對著幼小的他說的斯拉夫傳說。這些故事主角包括被沙皇剝奪權利、遭到逮捕與嚴刑拷問的女奴隸納爾達，以及逮捕俊美青年，將他們幽禁在地牢中，施以殘酷拷問的美麗女使徒。

當時瑪奏柯的出生地加利西亞正處於特殊的狀況中。有普魯士、奧地利、俄羅斯三大強國環繞，經常有獨立運動或人種紛爭的事件，暴動、群眾運動、群殺事件不斷上演。因為父親是警政署長，瑪奏柯難免會親眼目睹凌遲、暴動、拷問等殘暴

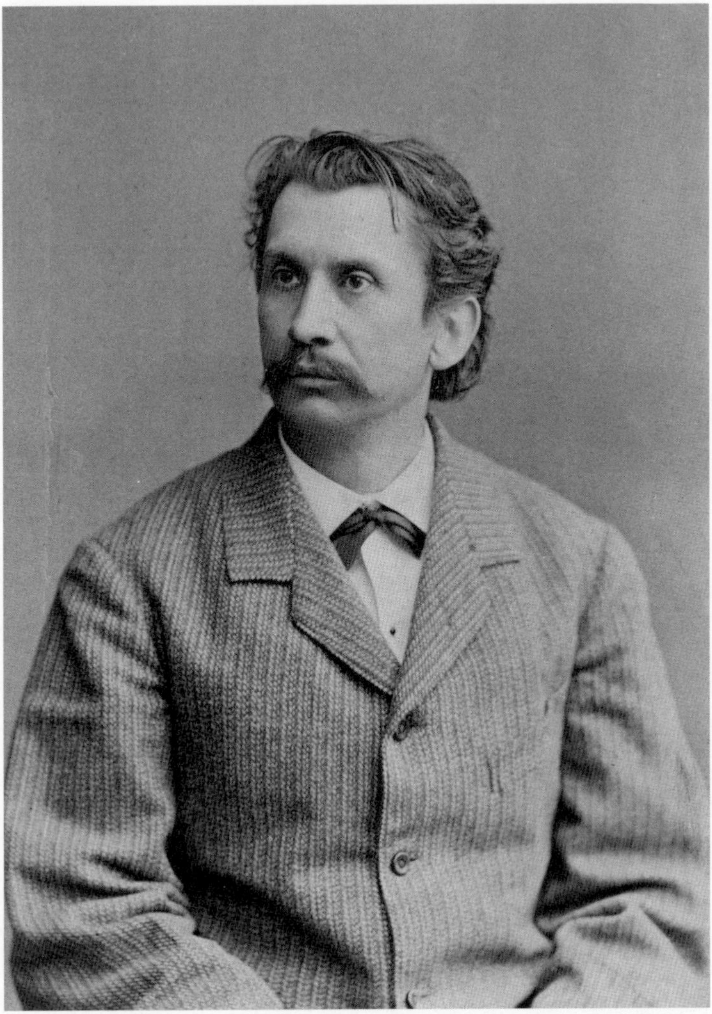

西元1885年攝影。以「奴隸契約書」聞名的作家瑪奏柯，其鬍子讓人印象深刻。「奴隸兼夫」的生活到底是什麼滋味呢？（©AKG／PPS）

情景。

在這樣的環境薰陶下，漸漸培養出瑪奏柯嗜虐的性格，不過，他不是施虐於別人，而是對自己施虐。他渴望被虐待，盼望痛苦的試煉降臨，甘願承受煩惱。

以下所述他少年時代異常經驗，或許是讓瑪奏柯養成性怪癖的原因。

任憑伯爵夫人鞭打

當時瑪奏柯十歲，他跟遠親伯爵夫人的孩子一起在伯爵官邸裡玩捉迷藏。他躲在嬸嬸的臥室衣櫃裡，正好穿著華麗皮草斗篷的美麗嬸嬸帶著一名俊美青年走進房裡。

當兩人激情擁抱時，伯爵的叔叔帶著兩名朋友進來了。這兩名朋友是來當目擊證人，要跟伯爵一起現場抓姦的。可是，嬸嬸不但不害怕，還徒手跟叔叔激烈扭打，後來叔叔用手掩著布滿鼻血的臉龐，和兩位朋友踉蹌地走出臥房，那位青年情夫也追了出去，消失不見了。

就在這時候瑪奏柯躲藏的衣櫃倒了，嬸嬸發現他偷窺了一切。憤怒的伯爵夫人將瑪奏柯壓倒在地，用肩膀壓著他的膝頭，用力鞭打他。

瑪奏柯雖然痛到淚流滿面，咬牙苦撐，卻覺得美麗嬸嬸手中的鞭子抽打而來時，一股莫名的快感油然而生。

穿著華麗皮草外套的美麗伯爵夫人，以及她手中那無情揮動的鞭子，這個幼時的奇特體驗深深烙印在瑪奏柯的腦海裡。這個印象成為揮之不去的影像，深深刻印在他的腦中。

無條件接受愛人的願望及命令

瑪奏柯生命中第一位重要情人是醫生博士科特維奇的妻子安娜，年紀遠比瑪奏柯大。因為科特維奇博士本身也很花心，跟許多女人有關係，所以對於妻子出軌的事只好睜一隻眼閉一隻眼。

瑪奏柯完全被眼前這位淚眼向自己傾訴丈夫出軌事蹟的女人吸引，不斷相約幽會。後來兩人決定私奔，租了房子同居。安娜喜歡奢華的皮草和寶石，瑪奏柯只好不停地寫書賺錢。他的知名小說作品《穿皮草的維納斯》故事雛型就是兩人同居生活的點點滴滴。

可是，安娜就是一個只渴求奢華生活的庸俗女性。根本不是瑪奏柯心中崇拜的高尚女神，更無法滿足他嚮往對愛人俯首稱臣的騎士愛情。

自從安娜知道，瑪奏柯是那種只要把他當成姦夫看待，就會欲火焚身的男人後，除了想辦法滿足瑪奏柯的需求，自己也可以順便找其他男人。安娜交往的對象當中，有一位自稱來自波蘭亡命貴族的男子得悉瑪奏柯是知名作家，便想透過安娜向瑪奏柯掠奪大筆金錢。

兩人直到男子被逮之後，才知道他根本不是波蘭貴族，而是從俄羅斯某間銀行偷走現金逃亡國外的竊賊。因為這件事，瑪奏柯與安娜的關係也結束了。

下一位情人是立志成為女作家的少女芬妮．皮斯托，她來到瑪奏柯的家，希望瑪奏柯讀她的原稿，並成為他的情人。陷入熱戀的瑪奏柯買了高價皮草送給芬妮，還讓她模仿正在創作的作品《穿皮草的維納斯》主角汪達和賽維琳的樣子，並拍照留念。

兩人曾花數個月在佛羅倫斯旅行，實際演練《穿皮草的維納斯》後半部的情節，後來還將演練的過程作品化，並且寫了當時成為爭議焦點的「奴隸契約書」。

提到瑪奏柯的奴隸契約書，以後來成為他妻子的亞蘿拉（汪達）之間的最知名，但其實他跟芬妮也簽下了奴隸契約書。

> 芬妮・皮斯托夫人與瑪奏柯之間簽訂的契約
>
> 瑪奏柯賭上個人名譽發誓，接下來六個月時間將無條件成為芬妮・皮斯托夫人的奴隸，對於夫人的願望及命令，身負必須全部執行的義務。
>
> 瑪奏柯成為奴隸的交換條件是，芬妮不得向瑪奏柯提出所有不名譽的要求。
>
> 每天要給瑪奏柯六個小時的工作時間，絕對不可以看瑪奏柯的信和原稿。
>
> 六個月過後，雙方的奴隸關係自動解除，不得向別人透露這項交易。要忘記這段期間所有發生的事，兩人恢復原有的戀愛關係。

這份契約還有如下的但書，如果瑪奏柯做了違反奴隸身分的事，可以予以懲罰，施罰時芬妮要穿著皮草。怎麼看，全是為了滿足瑪奏柯欲求的內容。

總之，這份契約書看起來就像是試用合約，儘管內容描述自己多麼想成為心愛女人的奴隸，還是能感受到有一絲絲猶豫。對瑪奏柯而言，扮奴隸家家酒不過是種遊戲罷了，根本沒有決心和勇氣將全部人生投注在這件事上。

兩人在契約書上簽名後變裝到佛羅倫斯旅行。文學少女芬妮變身為穿著華麗皮草的波格丹諾夫男爵夫人，知名作家瑪奏柯穿著下人服裝，化身為僕人格拉哥。

瑪奏柯就以卑微奴隸的身分被男爵夫人踩在腳下，度過歡樂與痛苦交雜的時光。

穿皮草是接受鞭打的條件

體會過這麼多戀愛經驗的瑪奏柯最後遇見了成為他妻子的女人，她就是化名為汪達的亞蘿拉．安潔莉卡．魯麥林。

一八四五年，亞蘿拉出生於格拉茨。在亞蘿拉的少女時期，擔任低階官員的父親與母親吵架，因而離家出走。亞蘿拉只好從裁縫學校輟學，擔任女紅，與母親兩人分擔家計。

過著貧苦生活的亞蘿拉一直嚮往能過畫作裡上流社會人士的生活。她年輕又漂亮，下定決心要以此為武器，親手抓住幸福，擺脫女紅身分。

想達到目的，唯一的方法就是成為上流階級人士的床笫情人。

不過，亞蘿拉始終無法如願，多次失敗之後，二十七歲的亞蘿拉看上了以作品《分手的女人》和《穿皮草的維納斯》享譽文壇的瑪奏柯。她化名為愛麗絲，寫信給瑪奏柯。

愛麗絲就是從看了許多愛情小說的亞蘿拉腦海中誕生、貴族出身但家道中落的女主角。

今日再度閱讀您的大作《分手的女人》。一想到您跟她曾經擁有的幸福快樂時光，就覺得您好討厭！

請您告訴我，她真的那麼美麗迷人嗎？沒錯，一定美麗動人！可是，我覺得自己一定比她還美，更加迷人，真的是這樣。您與K夫人交往時失去的幸福，我想親手獻給您。

亞蘿拉很清楚擄獲瑪奏柯之心的必備條件為何：那就是他小說中的那位「希臘人」，也就是第三者、情夫的存在。亞蘿拉是以結婚五年的人妻口吻寫信。

外子現在對我的愛，還是跟初夜那天一樣熱情濃烈。可是，我想成為您的女人，不讓外子碰我。（略）我一直期盼您跪在我腳邊、仰望我的那一刻趕快到來，真的等不及了。（略）

不過，我可不想奉承您。請您當心，我一定會想盡辦法折磨您的心。因為我不會認同您的愛。

亞蘿拉在心裡盤算著，愈是裝出冷酷的態度，愈能讓瑪奏柯愛上自己。某天在舞會上，亞蘿拉就以年輕人妻「愛麗絲」的身分與瑪奏柯邂逅，使出渾身解數，讓瑪奏柯迷上自己。

亞蘿拉籌了一筆錢，買了晚宴服、外套和黑帽子，戴著面具的臉蛋與纖細優雅的舉止，真的會讓人以為她是社交界貴婦。

我的人、我的心，都被妳占據了。我不曉得妳是什麼樣的人，也未曾謀面。可是，妳卻散發著一股神祕魅力，很自然地，我就被妳吸引了。我把我的性命交給妳，謹遵妳的命令。

瑪奏柯很快就為充滿神祕色彩的愛麗絲所吸引，不過當時的愛麗絲並沒有輕易就範。為了讓瑪奏柯更愛自己，亞蘿拉刻意延緩以素顏幽會的時間。

見面的日子終於到來，那一天兩人見面後發生了什麼事呢？從兩天後瑪湊柯寫給亞蘿拉的信可窺知一二。

對於我的歡笑與煩惱的見證人，也就是讓我創作許多作品的那個房間，迎接妳到來的那個週一傍晚，還有妳帶給我的歡樂與幸福，真的不知該如何感謝才好……

爾後，兩人幽會的次數暴增。瑪奏柯央求亞蘿拉鞭打自己，還叮嚀她要穿著皮草赴約。可是當天亞蘿拉爽約，陷入瘋狂狀態的瑪奏柯寫信催促她，那時候亞蘿拉並沒有皮草大衣，瑪奏柯特地買了「藍色狐狸毛鑲邊的黑色絲絨外套」送給她。

到了四月三日，第一次的鞭打約會終於成行。

傷口已經復原了嗎？（略）那次的鞭打，我已經把您當成是我的騎士，不對！是我的奴隸。從今以後我決定都要那樣對待您。

就這樣，知名作家瑪奏柯成為到前一天為止都是女紅工人的亞蘿拉的奴隸，亞蘿拉穿著皮草外套以女神之姿，驕傲地將瑪奏柯踩在自己腳下。

在一次又一次角色對調的幽會中，瑪奏柯因等待而感到焦慮的痛苦及歡愉的感動，震撼得淚流滿面。

在他的日記裡，可以窺看到六月二十五日當天，兩人的對話內容。

瑪奏柯希望亞蘿拉先將情夫藏在房裡的某個地方，然後把他綁起來，在情夫面前鞭打自己，接下來還要亞蘿拉在自己面前與情夫發生關係。

「你很愛吃醋，這樣會很痛苦吧？」

「我在想像自己的熱情可以燃燒到什麼程度。一定像發狂般，興奮不已。」

「不過，那位情夫一定得是美男子。」

「我也不喜歡醜八怪。到時候你要指著我對他說，這傢伙就是曾經接受過某名門貴族訓練的僕人。」

瑪奏柯並沒有要求亞蘿拉馬上跟丈夫分手。反而想利用「希臘人」狀況，滿足自己的欲望。

在瑪奏柯心裡，根本不在乎亞蘿拉的丈夫是否真有其人。

重要的是自己在角色扮演時所需的舞台，以及崇拜的貴婦人在自己面前與情敵發生不倫關係，讓自己蒙羞的戲碼。

終於簽訂奴隸契約書

瑪奏柯與亞蘿拉簽定的契約書部分內容跟和芬妮簽的相似，但也有極大差異之處。

我的奴隸啊！

我承認你是我的奴隸，希望我把你擺在身邊，好好照顧你的條件如下：

你要完全拋棄自我。

你只能聽從我的指示，不能擁有自我意志。

你不過是我手中的一項道具，不得發表任何意見，必須聽命於我，且忠誠執行我的命令。萬一你忘了自己的身分是我的奴隸，沒有完全服從的話，我會懲罰你，我會鞭打你，你不得有怨言。

我帶給你的快樂或期待，全是我對你施捨的人情，因此你務必抱持感恩之心接受。我對你不需負任何責任和義務。

你沒有身為人子、兄弟、朋友的權利。你不過是屈服於我腳下的奴隸罷了。

你的肉體及靈魂都是我的所有物，不管多麼痛苦，都不能擁有自己的情緒，你的感覺及感情都必須在我的支配下行動。

我擁有對你隨意施虐的權利，而且不管我的行為多麼殘酷不合理，你都必須心甘情願概括承受。你必須像奴隸般為我服務，只有我能享受奢華的生活，就算我限制你的自由，就算用腳踹你，也不能有所埋怨，你只能乖乖親吻我那踐踏你的雙腳。

我可以隨時讓你休假。不過，沒有我的同意，你就沒有可以離開我身邊的權利，如果想逃走，到時候我會對你嚴刑拷問至死。

除了我，你就是一無所有。對你而言，我就是全部。換言之，你的生命、你的未來、你的幸福、你的不幸、你的痛苦、你的喜悅，都由我控管。

對於我命令你做的，不論任何事，都必須照實執行。即使我命令你犯罪，你也要服從，成為犯罪者。

你的幸福屬於我所有。你的血、勞動力，全都屬於我所有。
不論我是生是死，我就是你的主人。
如果你受不了我的管束，覺得我這個枷鎖對你而言太沉重的話，你只有自殺一途。因為我絕對不會讓你重拾自由。

盡全力拷問

看在我們眼裡，只會認為這份契約書太荒謬無理，但瑪奏柯可是真心對待。他甚至猶豫是否要在這份驚人的契約書上簽名。因為亞蘿拉，也就是汪達，要求瑪奏柯一生都要成為她的奴隸。她的目標就是要成為知名作家的妻子，期待這樣的丈夫能讓自己過著優渥的生活。

瑪奏柯之所以猶豫，並非因為他害怕世人的眼光。他早就下定決心，要杜絕身為知名作家所帶來的世間羈絆，想全心投入成為愛人奴隸的生活。不過，有一點例外。

昨天信裡說絕對不要給我絲毫的自由，但同時妳也有隨時拋棄我的權利，真這麼做就太過分了。（略）妳對我施予的所有拷問、無情的對待，以及各種難題，我都會忍耐，當我認同妳給予我的殘酷對待是某種歡愉的享受時，就可以簽約。不過，在我尚未得到妳之前，我無法同意這份契約。因此，請將契約內容修改為，只有在我倆的命運結合在一起時，我才是妳的奴隸。

瑪奏柯不在意亞蘿拉談不倫戀，但是不允許其他男人搶走她的愛。如果亞蘿拉真正愛的人不是自己，因嫉妒而產生的痛苦及歡樂感受就無法成立。

後來，亞蘿拉回了信，內容如下：

我會使盡全力拷問你，不過，我跟你約定，絕對不會做出超越恥辱界線的事。雖然會有其他男人向我搭訕，但我真正愛的人只有你。（略）雖然你將自己的命運寄託在我手中，但你並沒有失去任何東西。

最後瑪奏柯決定賭上這份曖昧的契約。在收到亞蘿拉回信的翌日，他終於在奴隸契約書上簽名。

一八七二年十二月十五日，他只邀請極親近的人，舉辦了一場祕密婚禮。不是在教會舉辦，也沒有神父。從那天開始，瑪奏柯成為亞蘿拉，也就是汪達的「奴隸兼夫」。

「奴隸兼夫」的誕生

後來瑪奏柯成為知名的作家，孩子也陸續出世，名利雙收，不僅富有，還擁有崇高的社會地位，亞蘿拉當初所渴求的東西全部到手。

可是瑪奏柯並不滿足現世的幸福。他渴望的只是瘋狂的快感。

況且，絕對不能沒有「希臘人」的存在。瑪奏柯竭盡心力，一直在找尋合適的對象。第一位候補人選是瑪奏柯老友，從一八七三年左右開始，頻頻造訪瑪奏柯家的斯塔烏登哈姆男爵。

汪達對有著強健運動家體魄的男爵一見鍾情，瑪奏柯也察覺到了。剛好斯塔烏登哈姆男爵也與妻子感情不睦。

男爵每晚造訪瑪奏柯的家，三個人還一起玩撲克牌。瑪奏柯會找藉口一臉不悅地離開客廳，留下男爵與汪達兩人獨處，另一方面，汪達也盡情展現魅力誘惑男爵。

男爵與汪達發生關係不過是時間的問題而已。當汪達逼問丈夫難道不會吃醋時，瑪奏柯回答：「不，我內心有股強烈的妒火在燃燒。當他抱著妳時，我覺得心臟好像快要停止了。不過，在這個過程中有著前所未有的快感。」

此時汪達的內心百感交集。她不想失去好不容易才擁有的財富、名聲及安逸的生活，這是她唯一的心願。可是，為什麼丈夫總是刻意要讓平靜的生活起波瀾呢？

還有，丈夫以奴隸身分俯首在自己面前的這件事，根本是個沉重的負擔。只要丈夫希望妻子出軌，渴求那份因嫉妒而生的痛苦感受，自己就得持續一點都不想要的不倫關係。

一八七五年，汪達生下老二沒多久，人還躺在床上時，瑪奏柯拿著報紙進來，指著廣告版說：「廣告主是一位年輕俊美，精力充沛的有錢男人，他在徵求美麗優雅的女性玩伴。」

汪達很為難，但瑪奏柯還是硬逼汪達寫了以幽會為主旨的信，信裡還附上汪達的照片。很快地對方也回信了，也附上照片。

瑪奏柯開心地出門買上等葡萄酒和嫩雞。要幫過不久就會背叛自己，偷偷跟男人幽會、親熱的妻子補身子。

因為下大雪，前一天晚上開始汽車就無法通行。認識的人看到汪達一大早出現在車站月台，走進終於重新行駛的火車，全都嚇一跳。有兩位嗷嗷待哺幼兒的母親，竟然在如此嚴寒的日子裡出現在車站，她到底是要去哪裡啊！

這次的幽會並不順利。因為對方是瑪奏柯朋友的朋友，早就知道照片裡的汪達是瑪奏柯的太太。這位男子不能背叛自己尊敬的作家，所以兩人什麼事都沒做就各自回家。

瑪奏柯興高采烈迎接回家的汪達，並要汪達將幽會過程完完整整說出來。汪達因為太累了，又覺得備受羞辱，竟然哇地一聲嚎啕大哭。眼前的丈夫根本就是怪物，這個變態男到底要把自己逼到什麼樣的地步？

不過汪達並沒有離開瑪奏柯，後來也照瑪奏柯的要求，持續跟不同的男人幽會。兩人搬到格拉茨後，汪達應丈夫的要求在報紙刊登「年輕貌美的女性徵求精力充沛的男性」的廣告，與格拉茨的艾登斯伯爵在羅森堡森林幽會。瑪奏柯躲在草叢裡，目睹整個過程。

走向破局的不正常關係

在十年的光陰裡，瑪奏柯也以作家之名享譽國際。繼《凱恩的遺產》之後，陸續發行好幾本小說和評論文。當時出版界企畫了一本國際雜誌《頂點》，網羅杜斯妥也夫斯基、雨果等一流作家，瑪奏柯被推舉擔任總編輯。

相較於事業上的順遂，瑪奏柯與汪達的關係卻開始逐漸出現裂痕。或許像這樣不正常的關係，本來就無法長久。

一八八一年九月底，瑪奏柯一家人移居德國萊比錫。因為雜誌《頂點》相當成功，瑪奏柯夫婦身邊總是環繞著上流人士。此時「最後一位希臘人」終於出現。這個人是來自巴黎的年輕記者，全名叫雅各．羅森塔，暱稱亞爾曼。當時瑪奏柯四十五歲，汪達三十六歲。

亞爾曼是法國人，自稱富翁之子。他的個性不像德國人那樣固執，相當吸引汪達。他不曾說過大話，但相當體貼，很會察言觀色，而且懂女人心，隨時都在想著如何取悅汪達。

「這份愛情來得太遲了。我已經無暇思考未來，只想全心全意沉浸在愛河裡。」

這位想創造人生最璀璨歲月的女人內心裡，一股熱情之火正熊熊燃燒。同時瑪奏柯也有別的女人，她就是瑪奏柯負責編輯雜誌期間，擔任祕書工作的富爾達·麥斯塔。

瑪奏柯深為其能力吸引，還帶她回家，當時汪達也很喜歡她，極力推薦富爾達成為《頂點》的助理編輯。

瑪奏柯和汪達的關係在一八八二年三月中旬開始出現裂痕。有一天亞爾曼對汪達枕邊細語要她小心富爾達。經亞爾曼這麼一說，汪達突然想起一件事。自己的丈夫寄回來的旅遊信件裡曾經這麼寫著：「富爾達收下了很棒的皮草禮物。」

汪達回到萊比錫的家，發現床上留下丈夫與富爾達共眠過的痕跡，她二話不說就賞了富爾達一個巴掌，把她趕出去，還把自己的東西從兩人的房間搬到另一個房間。

瑪奏柯要汪達在自己和亞爾曼之間做抉擇，汪達選了亞爾曼。總之一切都結束了，瑪奏柯帶著兒子薩赫（亞歷山大）和一些隨身用品，離開了家。

亞爾曼和汪達帶著孩子們，也離開了萊比錫，瑪奏柯和富爾達開始同居。據說這時候瑪奏柯已經陷入茫然的精神狀態，沒多久最愛的兒子亞歷山大因傷寒而夭折。

美茵河畔法蘭克福近郊的小村莊林特哈姆成為瑪奏柯和富爾達的最後居所。因為瑪奏柯與汪達並沒有離婚，他與富爾達生的三個孩子一輩子都是庶出之子，無法正名。

汪達堅稱自己是瑪奏柯的合法妻子，不承認瑪奏柯與富爾達的婚姻關係，她要求瑪奏柯支付兩人所生的長子德梅特里斯的教育費，如果瑪奏柯不願支付，威脅將公開他的「日記」，斷送瑪奏柯的作家生命。不過，瑪奏柯根本不為所懼，「既然戰爭要開始了，那就應戰吧！一旦開戰，我不會失去任何東西，而是妳會失去一切。」

瑪奏柯認為，他與汪達的關係是過去的事，而且也不想再以知名作家之名登上國際舞台。

一八八六年，瑪奏柯造訪巴黎，在當地文壇非常受歡迎，還得到法國榮譽軍團勳章。不過，從此以後他的創作力日益衰退，作家名聲也開始暴跌，一八九五年辭世，享年五十九歲。離世時，文壇幾乎忘了曾有這號人物存在。

一八八六年，因為克拉福特博士（Dr. Richard von Krafft Ebing）的著作《性心理疾病》（*Psychopathia Sexualis*）發行，讓瑪奏柯再度成為全球知名人士。

而且，因為這本著作的關係，讓瑪奏柯的受虐狂始祖名聲比作家身分還要響亮，實在相當諷刺……

異類畫家與性虐待狂——伊藤晴雨

嗜虐畫新領域

衣衫不整被吊在天花板，遭到竹枝毫不留情鞭打的半裸婦女；凌亂的領口露出雪白美肌，雙手被反綁上吊，倒臥在雪白大地被虐打至表情猙獰的婦女……

畫中遭到虐待的女人呈現各種姿態，讓人看得眼花撩亂。每一位的表情都相當扭曲，不然就是奄奄一息，頭上的島田髻雜亂不堪，或是痛苦到翻白眼。

這些虐畫作者，就是本單元的主角伊藤晴雨。他是一位不在乎功成名就，只想一輩子描繪被迫害、被虐待女性畫作的男人。

他和名留青史的知名畫家不同，堅持不參加任何具權威性的比賽，也不會參與公開展覽會。雖然前半生曾以插畫家身分博得人氣，卻沒有在正統繪畫史中留名。

直到昭和三十六年（一九六一年）以七十八歲之齡辭世前，伊藤晴雨都堅持一貫的風格。他的人生哲學就是要做自己，徹底做自己喜歡的事，也因此在日本的繪畫界中開闢了所謂「虐畫」的新領域。

被體罰的黑髮

明治十五年（一八八二年），伊藤晴雨出生於淺草。父親是位黃金雕刻師傅，母親在他幼年時身亡，由繼母帶大。因為家裡窮，伊藤晴雨只念到國小二年級就輟學，十三歲成為雕刻師內藤靜宗的弟子，一直拜師學藝到二十四歲。

晴雨小時候看過狂言劇《吉田御殿招振袖》，看到美麗婢女遭受無情虐打的情景，啟動了內心那把性虐待狂的鑰匙。從此以後，晴雨只要在繪草紙或戲劇看板中看到有女性被綁的繪畫，就會異常興奮。

後來，只是欣賞別人的作品根本無法滿足他內心強烈的渴望，想親自創作女性虐畫。十六歲、十七歲左右，他每晚等工廠同事全部進入夢鄉後，躲在被窩裡，點著五分芯燈泡磨練繪畫技巧。結果上工時老是打瞌睡，常被師父及前輩責罵。

晴雨是先天性包莖患者，二十五、六歲時雖然常去妓院尋歡，但到了最後關頭都前功盡棄。可能因為這樣焦慮的心情，讓他瘋狂迷戀著女性的毛髮。

沒錯，伊藤晴雨是位頭髮迷，只要看到因體罰而披頭散髮、痛苦不堪的女性畫作，就會興奮異常。他瘋狂迷戀美麗女孩的島田髻，每逢祭典之日，就會親赴現場混進人群裡，使用小刀偷偷割下每位女孩的一撮頭髮，想完成陶醉於島田髻髮香中的願望。

有一天，他的學生美濃村晃這麼對他說：

「老師您可以仰躺睡覺，把頭髮弄成日本髮髻的女人綁起來，倒臥在您身上，您就從下面抱著她。當您抱著她的時候，可以一邊用左手抓著她的頭髮，讓頭髮撒在您臉上，就可以聞到女人的髮油香氣。」

對於丈夫的嗜虐癖完全無法理解的妻子

藉由明治文壇耆老幸堂得知的介紹，伊藤晴雨跟新派背景畫家玉置信照的小姨子竹尾女士相親且結婚，可是新婚妻子完全無法理解晴雨的嗜虐癖，導致夫妻關係日益交惡，最後竹尾拋下剛出生的女兒，與晴雨離婚。

這時候晴雨已經在幫每夕新聞、讀賣新聞等知名報社畫插畫，也接了劇場的舞台素描工作，還寫劇評，生活不虞匱乏。據說明治（西元一八六九年至一九一二年）末期至大正（西元一九一二年至一九二六年）初期期間，晴雨的工作量龐大，幾乎天天在趕稿。

晴雨的第二任妻子是知名的「雪中虐畫」、「孕婦虐畫」模特兒寄生子（寄生女）。不過，在晴雨邂逅寄生子之前，他早就認識另一位生命中的重要女性。這位女性就是大正時期畫家代表竹久夢二的專屬模特兒，在當時名氣響叮噹的「阿葉」。

晴雨在第一段婚姻出現裂痕的時候認識阿葉，當時他正在尋找捆綁畫模特兒，恰巧邂逅了在美術學校擔任模特兒的阿葉。

據說阿葉本名是兼代，阿葉這個名字是後來竹久夢二為她取的暱稱。根據晴雨的描述，兼代是秋田人，是位有著漂亮瓜子臉的美人兒，跟在田端的雜貨店二樓賣納豆的母親相依為命。一般人都以「騙子兼」稱呼兼代，可見她是個爭議頗多的女人。

在晴雨與兼代交往的五年間，他以兼代為模特兒創作了大量作品，但後來兼代拋棄了他，撲向當時的流行畫家竹久夢二的懷抱。

大正八年（西元一九一九年），竹久夢二剛跟愛人彥乃分手傷心不已，有一天兼代認識的學畫學生帶她到當時竹久夢二長期住宿的本鄉菊富士飯店。夢二對兼代一見鍾情，不久就暱稱兼代為阿葉，一直同居到大正十四年（西元一九二五年）。

一位是代表大正時期的知名畫家，一位是以變態畫家的身分，一輩子都在與地位、名聲無緣的領域裡追求個人癖好的市井畫家。心愛的女人被竹久夢二搶走這件事，在晴雨心中究竟烙下了什麼樣的陰影？雖然是一部小說，但團鬼六在著作《異類之徒》有詳細的記載。

極寒雪地的虐畫作品

不過，晴雨根本無暇沉浸於失去兼代的悲傷中，因為他馬上就遇到了即將成為第二任妻子的女人。這名女性也是東京美術學校的人體模特兒，名叫佐原寄生子，住在谷中町小巷裡的簡陋小屋。

大正八年左右，寄生子正式成為晴雨的模特兒，因為情投意合，沒多久兩人就同居。當時寄生子二十六歲，她個子高、膚色黝黑，歌舞伎的六代演員尾上菊五郎看過她的雪地虐畫照片，誇獎寄生子是個好女人，可見得容貌不差。

晴雨以寄生子為模特兒所創作的畫作中，最知名當屬大正八年十二月的雪地虐畫。

很久以前，晴雨就想一嘗在雪地中對女性施虐的滋味。把女人的四肢凍僵直到毫無知覺，雙唇發紫打哆嗦，在奄奄一息的時候用繩子捆綁她的身體，然後推倒在雪地中，再拿起棍棒盡情地揮打披頭散髮、因痛苦而掙扎的女人……

任何女人聽到這樣的提議都會嚇死吧？可是寄生子卻心甘情願地成為這樣的人體模特兒。

那一天晴雨帶著寄生子、攝影師鈴木、年輕助手高橋到以梅屋敷聞名的府下下高井戶的吉田園。走在鬱鬱蒼蒼的森林及竹林所環繞的銀色世界裡，晴雨的一顆心因期待而快速地撲通跳著。

姑且不論擔任模特兒的寄生子的心情，此時鈴木和高橋心中也一定是百感交集吧。他們當然無法理解晴雨的想法，怎麼會想在寒風刺骨的氣候下，捆綁妻子半裸著身體，然後推倒在雪地中？願意擔任模特兒的妻子的心態，也完全超越他們能理解的範圍。

當四人走到積雪最深處時，晴雨立刻脫掉寄生子的衣服，脫到只剩一件長襦袢*，再用麻繩捆綁寄生子，然後命令已經臉色發白、披頭散髮、直打哆嗦的寄生子在積雪最深的雪地行走三十分鐘。

寄生子拖著因寒風撲襲而凍僵的下半身走著，嘴裡不斷哀嚎好冷、好冷，最後哭了。然而晴雨卻置之不理，突然把她推倒在雪地中，冷漠無情地拍下寄生子半個身體埋在雪地裡的身影。

這樣還無法滿足晴雨的需求，當他說接下來要將池子的結冰弄破，把寄生子丟進去時，同行的鈴木和高橋也嚇壞了。寄生子已經全身哆嗦，牙齒咯吱打顫。就算為了完成好作品，也不需要如此虐待愛妻吧？兩人都嚇呆了，只能怔怔對看。

高橋說那座池子是深不見底的泥沼池，非常危險，勸阻晴雨不要把寄生子丟進池裡，可是晴雨仍然堅持要把寄生子的一半身體伸進池子邊緣看看。於是鈴木和高橋只好弄破池冰，撩起寄生子的襯裙，把她浸在池邊。晴雨冷酷無情地觀察臉色蒼白、雙唇打顫、表情痛苦的寄生子，並且拍了照片。

全身無力的寄生子在鈴木和高橋兩人的攙扶下，總算搖搖晃晃地站起來。一連串極端殘酷的實驗終於在此畫上句點。這時候完成的畫作成為晴雨一生的傑作。

倒吊孕婦

寄生子也是晴雨另一款知名虐畫「孕婦」系列的模特兒。大正十年（西元一九二一年）六月的某一天，晴雨和友人喝酒聊天，話題突然轉到月岡芳年**的作品《奧州安達高原某戶人家》，探討月岡芳年在作畫時，是否真的將孕婦倒吊。

當時剛好妻子寄生子也懷孕了，晴雨想讓自己的妻子擔任模特兒，模仿芳年畫作，親手畫一幅倒吊孕婦圖。此時晴雨的心裡已經湧現惡魔般的欲望。

一般人應該會想，就算妻子寄生子再了解晴雨的想法，也不至於答應當模特兒吧？令人訝異的是，寄生子也答應了晴雨這次的委託！

其實早在很久以前晴雨就有想將孕婦倒吊的念頭，在他看到知名畫家月岡芳年

---

* 襦袢為穿在和服裡面的貼身襯衣。

** 月岡芳年（1830-1892），又名一魁齋芳年，晚年名號為大蘇芳年，日本江戶時代末期的知名浮世繪畫家。

作品，篇幅是兩張紙直向連接在一起的《奧州安達高原某戶人家》時，無論如何都想擁有，還用盡手段買下來。

後來雖然手頭拮据，仍勉強擠出錢，以產房為名，替即將臨盆的寄生子蓋了一個五坪大的房間，晴雨打算把這個房間當成畫室，所以沒有鋪天花板，木樑全部外露。之所以這麼做，是為了吊滑車，方便晴雨做倒吊的實驗。

夢想實現的那一刻終於到來了！當天晴雨先視察妻子的健康狀態，檢視她是否可以耐得住被倒吊的辛苦，結果是沒有問題。晴雨請了三名搬運工，再三叮囑事情要絕對保密。

為了盡量縮短吊的時間，先在牆上掛腳架，讓寄生子橫躺在腳架板上面，再把她吊起來。因為如果直接從地板突然把人吊起，感覺好像很危險。

晴雨和攝影師、助手、三位搬運工全部到齊，讓只穿著腰夾，雙手被綁在後面的寄生子橫躺在腳架板上面，再用繩子緊綁她的雙腳，吊在天花板外露的粗木樑上。

照相機擺好，喊了一、二、三，慢慢將寄生子的身體往上吊。寄生子的頭髮散亂著，整個人被高高倒吊著。日後晴雨回憶當時情景說：「接下來的數秒時間，感覺像是過了一個多小時。」他將乾板放進照相機，興奮地吸了一口氣，小心翼翼地按下快門。

平安無事完成拍照作業，將寄生子慢慢放下來。技師進入暗室，不久手上拿著顯像原板走出來，不幸地第一次失敗了。

寄生子的體重導致繩子被拉長，超出預想的範圍，被倒吊的女人亂髮跑到乾板框外側。

對晴雨而言最重要的當然是頭髮，只好重拍，因為擔心繩子會再被拉長，這次不是使用繩子吊人，改用鐵鎖。第二次非常成功，寄生子的身體剛好被吊在理想的位置。

這張流傳至今的照片，將寄生子的便便大腹、豐盈倒垂的秀髮，以及因痛苦而扭曲的臉部表情相當寫實地反映出來。

拍照完畢後，請產婆檢查寄生子的身體，確保沒有任何異常。後來晴雨如此說道：

「當時我在心裡念著，孩子啊，你要忍耐一下喔！第二次拍照終於拍出我想要的那張倒吊畫面，一切作業結束時，我覺得自己好像死了一遍。當時的心情只有我自己知道。」

晴雨也是人子，他也知道將孕婦全裸倒吊是會惹怒神明的行為，也因此感到不安吧？後來孩子平安出生，體格比一般新生兒強壯，據說還曾參加體格賽，得到優勝獎。

每個人都可以責備晴雨，說他把妻子當成物品對待，說他是無情男，一切的責罵都無可厚非。可是用一般道德或倫理標準來評論伊藤晴雨這個人，未必正確。

他與第二任妻子寄生子的關係也在同居約十年後畫上休止符。寄生子愛上了晴雨的某位朋友食客，他的年紀比寄生子小。晴雨幫寄生子收拾行李，將她交給了那個男人。

有段時間家事都是由已經十六歲的長女負責，可是晴雨和在附近咖啡館工作的女人墜入情網，又再婚了。再婚的妻子是在北國長大的人，其容貌與晴雨的畫風相當登對，而且個性溫和、喜歡美的事物，性情與寄生子可說是南轅北轍。

兩人同居三年，在晴雨五十歲的時候，新婚妻子因梅毒引發癡呆症。晴雨向朋友借了大筆金額，讓妻子住院療養，可是住院三年病情並未好轉，決定帶回家照顧。

晴雨請妻子住在鄉下的老母親來當看護，竟然讓這位丈母娘發現晴雨反綁妻子的照片。丈母娘將照片交給認識的檢察官，檢察官準備起訴晴雨，已派人要將晴雨綁回警察局。就在千鈞一髮之際，因為朋友的幫忙，晴雨免於刑責。

後來再婚的妻子過世，晴雨一個人孤零零地住在屋簷傾倒、庭院荒蕪的廢屋裡。大正十二年（西元一九二三年）發生關東大地震，原本合作的報社、演藝界全都斷了關係，晴雨的收入變成零。

為了餬口，晴雨只好接下廣告單、傳單等的設計工作，賺取微薄收入，還藉機接近新國劇的男演員，取得畫舞台道具或看板等工作。全國擁有特殊嗜好的人都知道伊藤晴雨這號人物，偶爾也會有同好來拜訪。

伊藤晴雨是江戶人，天性豪放磊落，抽菸、玩樂都一定要盡興，不會委屈自己，金錢觀念淡泊，有錢就盡情地花，沒錢就算了，雖然愛上咖啡館或飲料店，但絕對不賒帳。

昭和三十六年（西元一九六一年），伊藤晴雨在即將屆滿八十歲時離開了人間。與名聲、榮譽完全沾不上邊的一生就這樣結束了。

「蘿莉塔情結」與「少女裸體」——路易斯．卡羅

為某位少女創作的故事

《愛麗絲夢遊仙境》是作者路易斯．卡羅專為當時年僅十三歲、名叫愛麗絲．普雷塞斯．李岱爾的少女所寫的故事。

這個故事在偶然的機會出版成了暢銷書，迄今依舊以專為兒童創作的童話故事書之名流傳全世界。當初實在想不到這本書會有如此神奇的命運。

作家路易斯．卡羅也一直給人，一種羅莉塔情結始祖的印象。

據說，他曾向少女愛麗絲．李岱爾求婚，但遭到拒絕，也曾因專拍少女裸體寫真照的醜聞放棄熱愛的攝影工作。姑且不論這些傳聞的真實性，他確實因為這些傳聞讓人更相信他有嚴重的蘿莉塔情結。

恰如其分的藝術表現手法

路易斯．卡羅的本名是查爾斯．路德威格．道奇森，十九世紀時出生於英國北部柴郡的小村莊。父親是教會牧師，後來成為里奇蒙教會的大執事，還被拔擢為里彭大教堂的參事委員。母親是位堅強婉約的女性，很疼愛孩子。

卡羅從小數學和古典文學的成績就非常好，也喜歡布偶戲、手工藝、朗讀故事等，常會為了取悅弟弟妹妹想出各式各樣的遊戲。

後來卡羅跟父親一樣，成為牛津大學基督教堂學院的學生，他取得數學第一級的好成績，並因此獲得榮譽「特別研究生」的資格。

一輩子在基督教堂學院服務的話，雖然薪資微薄，卻有年薪保障，而且可以過著自由的研究生活。條件是必須取得神職人員資格，要一輩子單身。

二十三歲時卡羅從基督教堂學院畢業，取得數學講師資格，成為基督教堂學院教授的一員。一八五五年，新舍監到任，他就是四十四歲的亨利．喬治．李岱爾。

這時候卡羅與舍監的女兒愛麗絲．李岱爾有了命運的邂逅。李岱爾有四個孩子，名字分別是哈利、蘿琳娜、愛麗絲、伊蒂絲，愛麗絲是第三個孩子。

卡羅在擔任教師、神職人員等工作之餘，也對戲劇、美術、寫詩、寫故事等藝文活動充滿興趣，曾在當時倫敦發行的雜誌《*Comic Times*》、《*Train*》，以路易斯·卡羅的筆名發表充滿幽默感的詼諧詩作品。

卡羅受到舅舅斯格芬頓·路德威格的影響，對拍照產生興趣，一八五六年買了生平的第一台相機。這位機器迷舅舅以前就曾介紹過望遠鏡、顯微鏡等儀器給卡羅認識，這一次則帶來了最新款式的照相機，讓卡羅大開眼界。

拍照在當時是一項非常費工的複雜技術。可是卡羅異於常人，對於看似操作繁複的機器，以及麻煩的拍照、沖洗照片等作業興致盎然。

對卡羅而言，拍照是讓他展現藝術品味的最佳手段。他繪畫鑑賞造詣很高，可惜不擅畫畫，沒有繪畫的天分。照片的問世讓他可以透過其他方法展露自己的藝術才華。

維多利亞時期的少女寫真始祖

他喜歡的模特兒是小孩子，說得更深入是對少女情有獨鍾，卡羅堪稱是維多利亞時期少女寫真的始祖。

一八五六年四月，卡羅跟在李岱爾家庭院玩耍的三名女孩成為好朋友。卡羅在日記裡寫著，這一天是人生中美好的一天。

因為這份機緣，卡羅與李岱爾家的女兒開始有了親密的往來。三姊妹經常和卡羅在家裡玩遊戲或搭船野餐。

可是，三姊妹的母親李岱爾夫人對於頻繁造訪的卡羅從未給過好臉色。在名門貴族之家的李岱爾夫人眼裡，卡羅不過是一介大學教授，身分低微，根本配不上自己高貴的身分。

當時的拍照技術不是很高階，模特兒必須長時間保持相同的姿勢，對孩童而言，要他們長時間靜止不動是件很辛苦的事，但不知為什麼，卡羅照片中的小孩子總是一副怡然自得，完全沒有不耐煩的感覺。

一八七五年路易斯・卡羅拍攝的少女照。衣著簡單的少女躺在豪華沙發上的睡姿。這張照片可看出卡羅對少女有迷戀情結。（©AKG／PPS）

大家都說可能因為卡羅從小常跟弟弟、妹妹玩耍，很習慣與小孩子相處，才可以拍出小孩子如此純真快樂的表情吧？卡羅自己也跟小孩子一樣，熱愛自由，一直保持赤子之心，才會如此了解兒童心理。

然而事實上，卡羅可是費了一番苦心才拍出如此棒的照片。首先為了讓這些少女們答應當模特兒，卡羅會寫能引起少女赤子之心、詼諧幽默的信給她們，還要對她們的雙親詳細說明拍照的目的。

進入正式拍照階段時，為了不讓少女感覺無聊，據說卡羅會在房間擺放造型奇特的歪扭鏡子、半完成作品的熊玩偶等各類玩具。

拍照時會玩語言遊戲，或讓模特兒聽音樂、畫快樂的畫，絕對不讓她們感覺無聊。所以照片中的少女每一位都是一副輕鬆自在、開心的表情。

卡羅不僅拍遊戲中的少女或躺在沙發上睡覺的少女，在他的少女寫真中最引人注目當屬角色扮演的作品。

卡羅會去古董店買道具，去劇場索取老舊不用的道具，收集了希臘人、中國人、土耳其人，甚至是乞丐少女的服裝，衣櫥裡塞滿了角色扮演所需的服裝。

他會讓少女穿上這些服裝，叫她們演出故事裡的某個情節。譬如，他的拍照作品裡就有戴著頭巾的少女使用繩梯，從二樓一步一步走下來的照片，照片的感覺會讓人以為少女是朝情人的方向一步步往前進，藉此營造「墜入情網」的氛圍。

對於少女裸體的忠誠執著

卡羅的攝影作品中，最受矚目，爭論也最多的就是少女的裸體寫真。按照卡羅的個性，拍攝這些照片時絕對是謹慎行事，抱持著誠惶誠恐的心情安排所有事宜。拍照前他會不斷造訪少女的家，寫信給少女，誠懇地取得少女雙親的許可。拍照當天如果天候太冷或少女看起來不開心，也不惜中止費盡心思安排的計畫。

卡羅對於少女裸體照情有獨鍾也是不爭的事實。或許他認為，對孩童而言，裸體是最理想的狀態。

對小孩子抱持著相當理想的印象是維多利亞時期的風潮。英國浪漫派詩人華茲華斯曾說：「孩子是神的賞賜，身上披著耀眼炫目的金色雲裳。」換言之，小孩子的純真無邪足以和神祇媲美。

提到純真無邪，就會讓人聯想到剛出生時一絲不掛的模樣，就這個觀點來看，裸體或許是最自然的表現。

英國評論家威廉·安普生（William Empson）曾如此評論卡羅：

「人類當中，少女是與性欲最疏離的存在個體，也是將性欲封鎖在最安全場所的存在個體。可是，想將一切與性欲無關的事物封印於少女體內的願望，正是讓卡羅對少女動心的主要原因。」

少女本來就是矛盾的個體，純真的外表下蘊藏著致命的性感。或許這就是卡羅會對少女，以及少女寫真如此著迷的原因吧。至於他自己是否察覺到箇中的危險就又另當別論了……

不，他應該察覺到了。在他的日記或書信中經常出現「格蘭迪夫人」這個名詞。格蘭迪夫人是指十八世紀某部知名話劇的登場人物，一位愛叨叨唸的中年婦女，意指「自以為清高的人們」。

卡羅應該經常心驚膽跳，害怕自己拍攝少女裸體照片的事會成為所謂「格蘭迪夫人」的批判箭靶，發生足以危及其社會地位的醜聞。

因此他總是小心翼翼地進行，但在一八八〇年他突然中止拍攝工作。

理由眾說紛紜，數位傳記作家推測，假設因為拍攝少女裸體照片，出現中傷傳聞或醜聞，到時候鐵定要停止這項興趣，與其這樣，不如自己終止這項嗜好。這個猜測並沒有任何根據，不過是臆測罷了。

姑且不論卡羅不再拍少女裸體照的原因為何，他在生前就將大部分少女裸體寫真照及底片處理得乾乾淨淨。在他死後，留在模特兒少女家中的照片也被少女的家人毀棄了。

卡羅挑選模特兒的條件只有一個，就是外貌美麗與否。在他的日記或書信中常出現惹人憐愛、可愛、漂亮等形容詞。

外貌之美不是只有臉蛋而已，身材也是考量條件，比方說少女康妮．吉爾克里斯，卡羅如此描述她：「沒見過像她這般（臉蛋和身材）耀眼迷人的漂亮女孩。」

卡羅好惡鮮明，據說他的一位朋友曾說要帶年幼的兒子拜訪他，卻被卡羅一口拒絕，讓這位友人相當吃驚。卡羅雖然喜歡少女，對少年卻一點興趣也沒有。

當時卡羅說：「我的朋友可能只要是小孩子都喜歡，但我不會像豬一樣，給什麼食物都照單全收。我會仔細品味，謹慎挑選。」

或許卡羅的目的是想透過攝影的媒介，將虛幻縹緲的少女瞬間之美，永遠保存下來吧？

純真無邪又淫蕩的性愛關係

高橋康也在《愛麗絲幻想》中如此寫道：

《愛麗絲鏡中奇緣》的原文主題為《*Through the Looking-Glass*》（穿越鏡子至彼方），對卡羅來說，應該解釋為「穿越照相機鏡頭的這一方」。換言之，卡羅透過感光乾板所沉迷的事物，可以說是一種屍體迷戀症候群症狀。他將喜愛的少女身影定著在感光乾板上，簡直就是將少女從時間世界中拉出來，然後在時間停止轉動的另一個次元世界裡，以「永遠的七歲」之名，將少女身影蠟人化，說得更明白，他的行為就像是幻想式的少女殺人行為。

蘿莉塔情結只要沒有付諸於行動，只是靜靜地存在於當事人內心深處的話，並不會構成犯罪。而所謂性欲，雖然帶著異於常理的幻想色彩，也不致於引起犯罪行為。

站在小市民立場，要責備或討厭卡羅是他們的自由。不過，也不必等到杜斯妥也夫斯基告訴我們，因為每個人都知道，所謂美的事物，本來就是罪惡的淵藪。

像天使般純真無邪的少女，以及色情性感象徵的少女。卡羅描繪的少女就是處於這般危險界線中的人物。藝術的宿命就是注定要在聖潔與世俗、善良與邪惡之間漂移。這就是妝點維多利亞時期世界觀的典型思想。

對美的強烈執著

總而言之，卡羅深深的迷戀與執著於少女的美，這份感情就是催生名著《愛麗絲夢遊仙境》的原動力。

前面提過，對卡羅的一生而言，與李岱爾家族姊妹的交往有著深層的意義。尤其是二女兒愛麗絲的純真聰穎，正是他最喜歡的類型。

愛麗絲姊妹非常喜歡卡羅帶她們搭船出遊。在Folly橋邊租船，然後環遊泰晤士河。那時候卡羅會帶著裝滿糕點、冷雞、沙拉等食物的竹籃前往，有時候會出遊一整天。

其中值得紀念的是一八六二年七月四日的郊遊，同行的達克華茲回憶當時情景：

那一天跟我們一起搭船出遊的人是李岱爾家三姊妹。那部知名的「愛麗絲的」故事是以「三姊妹中的二女兒」愛麗絲為主角的創作，卡羅隔著我的肩膀告訴愛麗絲，今天為了她營造了這個情景。我記得當時回過頭，問了卡羅這樣的問題：「難道這是你現在即興創作的故事？」他如此回答：「是啊！我現在正在邊划船，邊想故事。」（摘自《「愛麗絲夢遊仙境」故事的誕生》一書，史蒂芬妮．洛維特．史塔爾著）

當時在船上，那些女孩一定圍著卡羅聽故事吧？卡羅將那天發生的事以「金色午後」為題，記錄在《愛麗絲夢遊仙境》的序章。在爽朗的大自然環抱下，游走於夏日驕陽灑落的水面上的船隻，不斷傳來的開朗笑聲，以及穿著長裙禮服、專心聽卡羅說故事的少女……

根據愛麗絲的回憶，那一天並不是卡羅第一次即興創作說故事給她們聽。可是，愛麗絲卻在日記上寫著：「因為那天的故事特別有趣，（略）就拜託他為我寫故事。」

那天的搭船出遊，加上愛麗絲的請託，成為催生名著《愛麗絲夢遊仙境》的契機。後來卡羅將這個童話故事做了總整理，製造手寫書，還自己畫了插畫，在一八六四年當成禮物送給了愛麗絲。

後來，在卡羅的友人，也是知名童書作家喬治．麥克唐納（George MacDonald）的妻子及兒子的建議下，卡羅決定重新寫稿，正式出版。

就是不想當大人

當時決定由倫敦的麥克米倫出版公司負責出版，接下來就是插畫的問題。卡羅並不滿意自己的插畫，他想找真正有才華的畫家幫忙。最後雀屏中選的人是在雜誌《Punch》連載作品而爆紅的插畫家約翰．坦尼爾（John Tenniel）。

出版之際，卡羅又加了「瘋狂茶會」和「柴郡貓」等單元。書名一樣是《愛麗絲夢遊仙境》，一八六五年七月，最後的完稿作品印刷了兩千本。一出版就獲得正面的評價，加上坦尼爾的插畫作品，讓這本書創下銷售佳績。到了一八六七年，賣出一萬本，至一八八六年賣出七萬八千本。

可是，這本書的暢銷卻對卡羅和愛麗絲．李岱爾的交往關係投下了第一道陰影。

一八六三年六月，卡羅和李岱爾家三姊妹一同出席在紐曼舉辦的河畔派對。可是，那天的回憶宛若快樂日記的最後記事，之後的書頁就像被利刃割掉般消失得無影無蹤。後來關於李岱爾姊妹的記事就完全絕跡了。

好不容易到了十二月五日，再度出現有關李岱爾家姊妹的記事，不過，那一天卡羅是在路上巧遇李岱爾姊妹與她們的母親，卡羅在日記中如此寫道：「這個學期常像這樣偶然相遇，但我對她們的態度卻是超然淡定。」明明心有悸動，卻以「超然淡定」描繪當時的心情，到底是什麼意思？

到底發生了什麼事？其實並不是卡羅自己撕掉日記，據說是卡羅死後，他的姪子撕掉的。難道日記裡記載著羞於見人的內容嗎？

關於真相有各種猜測。特別引人矚目的推測是，該不會卡羅向愛麗絲求婚，卻遭到李岱爾夫人拒絕。

貴族出身、自視甚高的李岱爾夫人，因為瞧不起一介數學老師，所以拒絕了這門親事吧？

不過一切都是猜測。李岱爾夫人本來就不喜歡女兒跟卡羅太親近，好不容易逮到機會，或許想藉機展現自己的強勢吧？

又或者是李岱爾夫人發現卡羅對自己的女兒有愛慕之意，想在戀情尚未開花結果前趕快斬斷情絲，讓女兒與卡羅疏遠。

姑且不論原因為何，翌年五月當卡羅再度邀請李岱爾家三姊妹乘船出遊時，李岱爾夫人語氣堅定地說：「今後，小女們不會再跟你出遊了。」明白地拒絕了卡羅。

一八六五年五月的卡羅日記如此寫道：

> （見過了愛麗絲，可是）實在變得太多了。找不到絲毫優點，該不會她已經邁向那個尷尬時期，要從少女長大為女人了。

說來實在諷刺，在《愛麗絲夢遊仙境》問世的同時，卡羅與愛麗絲的心靈交流也畫上休止符。他倆的關係到底是愛情？還是友情？迄今無人知曉。

不過，一八六五年八月，卡羅把麥克米倫出版公司的《愛麗絲夢遊仙境》送給了愛麗絲。

對卡羅來說，他與愛麗絲的邂逅將會是一場永遠的邂逅。如此珍貴際遇的報酬就是誕生了一部不朽名著。

壯烈唯美的性虐待狂——夜

好幾根手指及腳趾都被砍斷了

大正六年（一九一七年）三月二日午後五時左右，在龍泉寺町開業的醫師末弘順吾接到到府看診的委託，趕往位於診所附近的病患家中。

醫生上到二樓，看見一名年輕女性躺著，旁邊坐著一位年約三十幾歲的男子，那名男子滿臉悲戚，神情恍惚地從棉被上方搓著女人的胸口。室內瀰漫著從病人身體發出的異常臭味。

醫生掀開棉被，看到一具悲慘的女性身體。好幾根手指和腳趾被砍斷，身上滿布火夾燙傷的傷口，以及尖銳刀刃割傷的傷口。

末弘醫師心知不妙，為女病患做了緊急處置，並向轄區的下谷坂本警署通報。織本警部補從坂本署帶了相關人員來臨檢，逮捕了那名男子，還收押了幾件證物。警醫雖然也對躺著的女人做了緊急醫療，不過已經太遲，她那天晚上就死了。

經過調查得知被逮的男人是栃木縣那須郡人，名叫小口末吉（三十九歲），職業是木工，女子是他的妻子，府下瀧野川三軒家矢作森之丞的長女，夜（二十三歲）。夜之前的工作是吉原的妓院的女服務生，在那裡認識了小口末吉。

經過一番嚴厲的審問，在三日凌晨兩點，小口末吉終於鬆口自白。

小口和夜同居時住的那間公寓隔壁，以前是一位名叫山岸廣治的二十八歲皮條客租的房間。皮條客就是色情媒介者，負責幫妓院找客人，白天沒事做，一直在家裡閒晃。他和夜發生了肉體關係。

剛開始小口完全沒有察覺，是從同是木工的朋友口中得知的。在十二月的某一天，小口假裝要去上工，爬到屋頂窺視自己的房間，親眼目睹山岸和夜兩人抱在一起，怒火中燒的小口狠狠揍了兩人。

後來夜哭著請求原諒，小口向山岸索取十萬日圓的遮羞費，這件事就此結束。翌年一月，兩人打算搬新家，希望藉此和好，於是搬到龍泉寺町的鈴木新吉方公寓。

可是小口天生是個醋罈子，無法忘記夜的不貞，忍不住對她施暴責罵。

小口使用細繩綁著夜的四肢，又用毛巾堵住她的嘴，用刀子砍斷雙腳大拇趾，這只是序曲而已，還用燃燒的火箸在夜的背上烙印「小口末吉之妻」六字，手段極盡殘忍。夜像是生活在水深火熱的地獄裡，耐不住連日的虐待，最後因衰竭而亡……

以上是警察從小口的自白所歸納的結論。警方認為，撞見妻子出軌，因嫉妒而失去理性的丈夫為了復仇，親手殺害了自己的妻子。

通過考驗的性虐待狂

參與遺體解剖的東京帝國大學法醫學教室助手古畑種基先生在其著作《因為是現在才說》，描述了到夜的家出診的醫師所目擊的景況：

（摘錄）一走進屋裡，感覺到背脊的一股寒意。躺在床上的病人身旁，看似其丈夫的男子一臉茫然呆坐著，雙手不斷從棉被上方搓撫著女人的胸口。女人頭部以下蓋著棉被，表情看起來相當痛苦。醫生掀開棉被，一陣惡臭襲來，忍不住用手遮住鼻子。

根據警方調查，夜的雙腳大拇趾不見了。左手無名指和小指第二關節以下都斷了，全身是傷，腰部至膝蓋的部位共有二十二處傷口，身體前側和後側各有兩個傷口並排，陰部兩側也有兩個並排的傷口，共是八處傷口。

夜的背部及右手臂被人用燒燙的火箸烙印著「小口末吉之妻」六個字。背部是舊的燒傷傷口，字體已歪扭不清，但右手腕的字體相當鮮明。判定直接致死原因是多數燒傷傷疤化膿，在家中毒身亡，死亡時間為當天晚上九點左右。

最初看似小口末吉將夜施暴致死，隨著調查的深入，案情有了意外的發展。原來末吉和夜是所謂施虐者與被虐者的關係，因為SM行為玩得太過火，最後把人殺死了。

據小口所言：

「夜為了對她與山岸發生關係的事致歉，希望我剁了她的手指。如果我說不要，她一定會以為我要跟她分手，因為她一直堅持要我剁掉她的手指。

「本來她說剁去右手小指，後來又說右手要做很多事，還是不要了。所以換成左手無名指，那一次我就剁了她左手的無名指。」

小口說，幾乎都是在兩人發生關係後，夜要求他剁掉手指頭和腳趾頭。小口猶豫，夜就自己將手指放在砧板上，用鑿子砍。

不過流了很多血，卻一直砍不斷。沒辦法最後小口只好用鐵槌敲鑿子，將手指砍斷。

「為了不讓血噴出來，當時用繩子綁著手指根部再砍，結果手指砰地飛出去。」

為了追求快樂的自我毀滅

這些只是序章而已，夜渴望遭虐的欲求愈來愈強烈。

夜要求小口使用燒得很燙的火箸在身上寫下「小口末吉之妻」六個字。夜說這是讓自己不再被其他男人誘惑的符咒。剛開始打算烙印於背部，但夜說這樣自己看不到，改成烙在右上胳膊處。

可是，把手臂放下來時，字體方向會顛倒，夜要求重新烙印。這次兩人面對面坐著，在左手寫字，夜自己拿起火箸烙印。

過了兩、三天，夜要求再於手臂外側烙印，因為當她躺著睡覺時就看不見。於是，這次就於手臂內側烙印。

實在想不通這種男人的心理，就算對方苦苦央求，竟然全部照做。通常男女交往，如果達到這樣的階段，男方就會嚇得逃走吧？

根據為小口做精神鑑定的淺田一所言：「小口並不是精神病患者，可是天生性格愚鈍，判斷力和抑制力都比一般人缺乏。」

小口因為太愛夜，不敢違逆她的意見，夜該不會是看出這個弱點，把他當成讓自己快活的工具吧？

小口問夜，燒燙的火箸烙印在身上應該很痛吧？結果她嘴裡緊咬著手帕忍耐，沒有喊一聲燙，反而說比針灸還快活。

「我對她說，（性行為時）討厭有臭味。因為她身上的膿會沾在我的大腿之間。我不想讓人看到她的樣子，如好長一段時間沒有去澡堂洗澡，身上沾滿了膿汁。她要我砍這些部位時（指著左上臂和右大腿前側），我不要，告訴她不需要用這個方式賠罪，結果她說我不砍就是不愛她，想跟她分手，還說死了算了，換了和服準備離家出走。因為她一直嚷著要死，沒辦法只好照做。」

根據性心理學家高橋鐵先生的看法，他認為夜為了追求無止盡的快樂，做出相當衝動激烈的自我傷害行為。換言之，就是透過傷害自己身體的被虐行為來彌補性生活方面的不滿。

至於小口是否為天生虐待狂，難免會有人這麼想。他可能是因為不想被夜嫌棄，才會聽話地傷害夜的身體吧？

看了刊登在淺田一著作《法醫學講座》中夜的照片，夜有著一張美得無可挑剔的臉蛋，開心微笑著，讓人無法與她滿身是傷的軀體聯想在一起。

透過傷害自身肉體的方式，追求極致快樂，最後的結果或許是死路一條。但也可能她一開始就希望能死在自己心愛的人手中。

小口與淺田交談時，曾經如此說道：「被人迷戀並非好事。我決定再也不愛慕任何人，也不想為人所迷戀。」

據說一審時小口被判刑十二年，在上訴期間就死了，也有人說還沒等到宣判小口就離世了。至於死因，有人說是腦溢血，也有人說是肺結核。

偏執愛之章

I 怪異的收藏

蕩婦瑪歌皇后

據說十六世紀的法國瑪歌皇后是位淫蕩的后妃，一生結交了許多戀人，而且被她愛上的男人一個個死於非命。

不曉得排名第幾號的情人拉摩爾是一位穿著時尚的青年貴族，但是他圖謀造反當時的國王查理九世（瑪歌皇后兄長），最後遭處刑。

失去情人的瑪歌皇后非常傷心，行刑當天接近深夜時分，她將窗簾垂吊窗邊下樓，搭乘馬車前往廣場的行刑台。命令隨從撿起拉摩爾被砍的首級，搬進車內，再靜悄悄地驅車離開。

瑪歌皇后回到宮殿後，為情人首級化妝，小心翼翼地擦去黏在上面的血漬和泥土，還做了防腐處理，流著淚親吻那雙永遠不會再張開的雙眸和嘴唇。

瑪歌皇后的奇異舉止不止於此，翌日她情人的首級模型吊在項鍊和手鍊上面，襯裙的掛鉤吊著情人的心臟模型，換上喪服在宮裡走動。她的行為在宮裡引起騷動，從那時候開始大家都稱她為「蕩婦瑪歌」。

之後瑪歌皇后依舊瘋狂迷戀男人，最後連她的哥哥也放棄了她，遭到丈夫亨利四世休妻，失去皇后地位，被關進監牢裡度過剩餘的人生。

精密的「性交體位」酒杯

十六世紀的安茹公爵非常珍惜某個酒杯。公爵有時候會邀請女性客人到家裡，然後在那個酒杯裡倒滿酒，向客人勸酒。不過……

酒杯內側精密雕刻著好幾款性交體位圖。當女客人喝完酒，就會看到不同姿勢的赤裸男女性交畫面。

安茹公爵想看看女性客人會有什麼反應，這是他的最大樂趣。有的女客人相當純情，看了以後滿臉脹紅，連頭都不敢抬起來，恨不得有洞可以鑽進去。有的女客人覺得有趣，當成公爵在跟自己開玩笑，一笑置之。

也有人覺得公爵是故意讓自己用這種酒杯喝酒，覺得非常失禮，好像把自己當傻瓜耍，當然大發雷霆。

安茹公爵、那些女客人的反應，哪個才是你的最愛？

長相奇異的美女

中國皇帝唐玄宗寵愛楊貴妃是家喻戶曉的事，但很少人知道他也有奇怪的性癖好，他對長相奇異的女子寵愛有加。

他命令太監總管去全國各地搜尋長相奇異的女子，特地為她們建造專屬宮殿。唐玄宗收集到的異形女性真是千奇百怪，有雙性人，有多乳奇人，稀奇又罕見。

這麼多人當中，唐玄宗特別疼愛兩位女性。一位是個子極端嬌小的侏儒美女，另一位是雙頭雙身的連體女性。

夜晚當皇帝抱著連體女性時，被四隻手環抱的感覺真是快樂無比。

打情罵俏的時候，這位連體雙頭女性會用一邊的嘴巴在皇帝耳邊吹著熱氣，熱情地說愛。另一邊的嘴巴則在皇帝另一邊耳朵說著讓人骨頭都會酥掉的呢噥細語。

簡直無法想像這樣的情景。但據說皇帝當時樂如登天，整個人飄飄然。

掌權者的思想確實很奇妙，非常人所能想像。

色情的地獄室收藏

巴黎國立圖書館的某個角落，有一間專門收藏色情書籍、禁止對外開放的房間，名為「地獄室」。二十世紀初期的詩人阿波里奈爾（Guillaume Apollinaire）就窩在這裡翻遍所有資料，陸續找出隱姓埋名的色情名作。

薩德侯爵《喻美德的不幸》未發表的原稿也藏在獄室裡長達百年以上，最後被波特萊爾找到。後來研究薩德侯爵的學者也從這裡挖掘出珍貴的文獻。

十八世紀末期的拿破崙時代，政府下令在巴黎國立圖書館建造這間禁止對外公開的地獄室。說起來真是諷刺，不論哪個年代，獨裁者好像都厭惡與色情有關的事物，但也慶幸因為這樣，古今中外的色情文學收藏作品才能原封不動地流傳至今。

「地獄室」的藏書量為兩千五百冊，全是出類拔萃的珍奇書籍。一九一三年，波特萊爾發行了藏書目錄，據說所有的書籍都有整理編號，並且刊登於這本藏書目錄裡。

譬如一八五七年成為禁書的波特萊爾作品《惡之華》編號為地獄一四〇九號，法國詩人魏倫（Paul Marie Verlaine）的《女人們》是九六八號，皮耶．路易斯（Pierre Louÿs）的《愛芙羅黛蒂》是一〇六五號。

最原始的地獄室據說是位於梵蒂岡的圖書室，其藏書量高達兩萬五千冊，堪稱是世界第一的收藏。法國國王為了天主教教徒製作禁書目錄，為了製作目錄，他勢必要瀏覽過這些色情作品吧？

華盛頓的國會圖書館「地獄室」（？）允許十六歲以上的民眾入內閱覽，但後來聽說有攜槍的蓄鬍警衛在看守，讓人無法安心地慢慢看書。應該是有心懷不軌的人想割下插畫帶回家，才會安排警衛駐守吧？

刺青收藏

因為達豪和薩克森豪森的集中營人數爆增，希特勒在離威瑪六英里的布亨瓦德另蓋了一座集中營。

有一天，布亨瓦德集中營對囚犯下達一項奇怪的命令。要求身上有刺青的人，向藥劑所報告。

剛開始大家都不曉得這道命令有何目的，後來謎底揭曉，集中營管理人會選出身上有美麗刺青圖案的人，注射藥物將其殺死。再將遺體交給病理部，小心翼翼地將死者的皮膚剝下。

剝下來的人皮會送給布亨瓦德集中營營長夫人伊爾絲·科赫。伊爾絲將收集到的人皮製成附燈的傘、書籤、手套、手提袋等物品，簡直就是殘酷的人皮展覽會。戰後伊爾絲被判處終身監禁，一九六七年她用床單在監獄裡上吊自殺。

眼球收藏

有一天，在奧斯威辛集中營任職的某位病理學家收到三對雙胞胎遺體。這三對雙胞胎是一邊眼珠為藍色，另一邊眼珠為咖啡色的異色雙眼雙胞胎。就雙胞胎而言，異色雙眼相當罕見。

據說這位病理學家立刻將「雙眼異色」的眼睛泡酒精，製成標本，再予以特殊包裝，蓋上「軍用資材」的章，送至柏林。

人稱「死亡天使」的德國納粹黨衛隊軍官，也是奧斯威辛集中營「醫師」的約瑟夫·門格勒特別關注異色雙眼。他會將化學染料注入囚犯的眼睛裡，挑戰以人工方式讓眼球變色的實驗。

光是這個實驗就有五十多位猶太人孩童被當成白老鼠，因這個殘酷實驗被當成犧牲品，結果全部感染疾病失明。再全部送往瓦斯室處死。

那時候曾經造訪過門格勒實驗室的某位醫生回顧，實驗室的整面牆都裝了櫃子，好幾百人的眼球整齊地陳列於櫃子上。有鮮豔的藍色、帶黃的藍色、灰色或咖啡色、紫色、綠色等等。每個眼球標本都被標上號碼，就像昆蟲標本整齊排列著。

門格勒的殘酷人體實驗究竟對於遺傳學有多大的貢獻？還有，經由他的雙手到底殺死了多少的猶太人？答案迄今未明。

斷頭台的玩具

一七九三年，普魯士和法國軍隊戰得如火如荼之際，《浮士德》作者歌德成為布魯士威克公爵的食客。

歌德寫了一封信給母親，拜託母親買斷頭台的玩具送給他的五歲兒子奧古斯都。

當時斷頭台玩具相當盛行，孩子把人偶、活的鳥或老鼠當成犧牲品，玩斷頭台遊戲。斷頭台玩具由法軍俘虜製作，賣給普魯士人。

歌德的母親伊莉莎白對於兒子這番請託相當憤怒。一七九三年十二月二十三日，伊莉莎白寫了一封信給歌德：

我親愛的兒子，為了你，我打從心裡願意做任何事，可是，只有買惡名昭彰的斷頭台玩具給可愛的孫子當禮物，我辦不到。無論如何，我絕對不會買那樣的玩具給孩子玩。

如果我有發言權，我一定會告訴政府，把製作這種玩具的人送上斷頭台，然後將這種玩具在眾人面前全部燒毀。這些人的腦袋到底在想什麼？怎麼會拿那麼噁心的玩具給小孩子，殺人或流血怎麼可以稱得上是遊戲呢？我真的想不通啊！

身為現代人的我們，知道歌德母親有這樣的反應，不禁鬆了口氣。

伊莉莎白似乎是一位思想開放的女性，她承認兒子歌德與克莉絲汀娜．烏爾皮伍斯（奧古斯都的母親）之間非正式的婚姻關係，對克莉絲汀娜非常友好，還稱呼兒媳婦為「兒子的寵物寶貝」。

愛的斷頭台

在法國香榭大道的木偶劇場，歌舞雜耍喜劇〈愛的斷頭台〉很受歡迎，因此，劇場附近的每家商店櫥窗皆會展示桃花心木製作的斷頭台迷你模型。

中產階級家庭的餐桌上，斷頭台迷你模型是不可或缺的必需品。平常會使用斷頭台切水果或糕點，但也有人拿斷頭台模型做更逼真的演出。

事先做好跟敵對的人長得很像的小人偶，在點心時間將人偶送上斷頭台，切斷其首級，然後會有紅色液體從小人偶裡面流出，女客人會一邊哇哇大叫，一齊將手帕泡在液體裡。其實人偶是個玻璃瓶，裡面裝著代替「血」的酒紅色香水。

從犯罪收藏品了解的事

十九世紀的義大利出現一名神童，他的名字是凱撒·倫伯羅索（Cesare Lombroso），他十二歲時希臘語和拉丁語的聽說讀寫即相當流利，十四歲時撰寫了《羅馬的盛衰》。

倫伯羅索一生都專注於「犯罪學」的研究。他曾說，犯罪者必定擁有某種肉體上或外觀上的特徵。還說犯罪者會隔代遺傳，一出生就背負著要成為犯罪者的宿命。

現代看來這些理論當然毫無依據，不過倫伯羅索為了證明自己的理論，終其一生都在收集與犯罪者有關的資料。譬如犯罪時用的凶器、家庭族譜、死亡面具、大頭照、刺青的皮膚、從處刑後的犯罪者遺體取出的心臟或大腦等等。

倫伯羅索以這些收藏品為依據，徹底研究犯罪者的經歷、性格、身體特徵，並與一般人比較，一心一意想找出犯罪者專屬的特徵。到底他的嘗試是否成功呢？

姑且不論結果如何，倫伯羅索的龐大收藏品現在正躺在杜林大學的研究室裡。

就算想整理如此龐大的收藏品，但不曉得每件物品的主人是誰，也是束手無策。

收藏品裡有堆積如山好幾十副死亡面具、從遺體取出的腦、用夾子固定的刺青皮膚標本、被拆解的處刑台，甚至還有倫伯羅索自己的頭殼。

把自己也當成研究白老鼠的專業精神確實令人敬佩。不過，萬一發現自己也具備犯罪者專有的特徵，該怎麼辦呢？唉呀，這都是別人的事，我未免操太多心了。

從墓地挖出的死屍面具

法國大革命時期有位庫爾提斯博士在巴黎的聖殿大道開了一間人物蠟像館，展示被斷頭台處死的名人和犯罪者的首級。後來在倫敦成立知名蠟像館的杜莎夫人也在這裡實習工作，負責製作型鑄、塑型等作業。

革命派的庫爾提斯博士與丹頓、羅伯斯比爾等人來往密切，蠟像館展示的首級多是以前被博士邀請來家中共進晚餐的對象。

這些朋友死後，博士仿造他們的首級製成蠟像。不曉得是博士本人或助手跟蹤搬運遺體的貨車到墓地，再以死者首級為模型，製作死亡面具或壓鑄模型，製成蠟像。

據說杜莎夫人自己到墓地，製作了路易十六和瑪麗皇后的死亡面具。挖出首級時，要小心翼翼將皺紋展平，於肌膚表面塗油再上石膏。所有作業都必須在黑暗的公墓墓穴邊完成。

庫爾提斯博士去世後，杜莎夫人將這些蠟像全部帶往英國，一八三四年在倫敦成立蠟像館。收藏品還有國王夫婦、羅伯斯比爾、葉貝爾等當代名人的首級。

這些首級全部被收納於名為「恐怖房間」的特別室裡，還有斷頭台的模型。這個斷頭台模型是以協和廣場擺的斷頭台尺寸為基準，以長寬各四分之一的縮版尺寸製成，是為了滿足人們想看恐怖物品的心理需求創造商機的最佳例子。

知名女演員是「棺材」收藏家

法國知名女演員莎拉·伯納德有個奇特的嗜好，對死人遺體特別愛好，不僅喜愛別人的遺體，也喜歡把自己變成遺體。

她特地向葬儀社訂製了鋪滿綢緞、由黑檀木與銀製成的豪華棺材。自己躺進裡面，假裝是死人。

熱中這項嗜好的莎拉馬上邀請所有男性朋友到家裡。當他們抵達時，將燈全部關掉，只點蠟燭，然後一身白衣、化了蒼白妝容的莎拉真的就像死人一樣動也不動躺在棺材裡的黑色墊子上。那些男性朋友全都嚇得臉色發青，這時候莎拉才緩緩起身，對著一臉驚嚇的男性友人說：

「感覺如何？有沒有人想跟我一起睡在棺材裡？」

根本沒有人敢附和她。於是莎拉說：

「難道你們已經不愛我了嗎？」

莎拉突然惱羞成怒，大家都慌了，趕緊想辦法安撫這位任性驕縱的大明星。終於有位勇敢的男子下定決心，他戰戰兢兢地走進棺材裡，但據說他躺在棺材裡的那一刻，好不容易燃起的欲望之火竟無法像平常那樣猛烈燃燒。

一個人擁有了名聲、財富和愛情，所有東西都到手以後，接下來想做的難道就是如此瘋狂的事嗎？

II 閹伶

為了保有天使之聲，進行閹割手術

世上有許多人，為了保有天使之聲，做了閹割手術。這麼令人震驚的事確實在十七至十八世紀的歐洲聲樂界風靡，就某個層面來看，也可以算是一種歷史奇蹟吧？

閹伶，是世人給他們的稱呼。法國國王克萊蒙八世從聖經引用了以下的話，讓他們席捲整個歐洲。

婦女在會中要閉口不言，像在聖徒的眾教會一樣，因為不准她們說話。（哥林多前書第十四章三十四節）

克萊蒙八世允許「為了讚美上帝的榮光」而閹割的行為，加上因為英諾森十一世禁止女性在教皇領土內的劇場舞台表演，閹伶才能獲得教會的權威保證。

雖然禁止婦女在教會說話，天主教辦彌撒時必須唱聖歌，需要有人負責演唱高音部分。在初期由高音男童負責這項工作。

男人擁有高音的時間很短，最後總會變聲。於是就有人發明了用假音唱歌的方法，梵蒂岡也聘請了好幾位假音歌手。

不過用假音唱歌的音量有限，從十七世紀開始，所謂的「閹割歌手」受到矚目。

為了光明未來而閹割

閹伶多是家境貧寒的弟子，難得出了一位擁有美麗歌喉，且唱歌技巧優異的孩子，雙親會為了光明的未來給孩子閹割。

過程如下所述。首先負責教會彌撒活動的相關人員找到擁有聲樂才華的男孩，詢問雙親願不願意給他們的孩子閹割，培養為閹伶。一開始雙親當然非常訝異，也猶豫不決。

教會會全力說服雙親，告訴他們一旦孩子成為閹伶，將來可以擁有名聲及財富。若還是猶豫不決，教會甚至與他們約法三章，將來他們的孩子成為歌手後，會給他們部分的收入。

一聽到可以擺脫困頓的生活，雙親就會捨棄原先的猶豫，一心只想要讓孩子閹割。並不是為了自己過好日子把孩子當成犧牲品，一旦成為歌手，孩子本身也能擁有輝煌的未來。

父母為了抹去內心的罪惡感，一定會拚命這樣說服自己吧？

剛開始是在極為隱密的情況下進行閹割手術。原則上，公開進行閹割手術相關人員都會遭到流放，因此大家不會去大城市的醫院，多是在鄉下的理髮店或藥房偷偷進行。

手術方法相當野蠻粗魯，沒有麻醉藥，而是讓受術者喝下加了鴉片的飲料。為了讓鴉片發揮效用，孩子必須泡在熱水裡一段時間，然後將連結到睪丸的輸精管切斷，睪丸會縮起來，消失不見。

閹割手術必須在睪丸線功能開始運作前進行，多數孩子是在八至十歲期間接受手術。醫院的衛生狀態很差，也不是專業醫師執刀，不少人因出血過多或感染而死。

不過因為有教會的背書，閹割手術也漸漸正式化。尤其像波隆那大學那樣解剖醫學興盛的地方，麻醉技術優異，閹割手術因此普及開來。

此外，翁布里亞地區的小鎮諾西亞，原本就是專門幫豬或小牛進行閹割手術的地方，後來也成為閹割歌手的主要催生地。據說當時這個小鎮的街道到處都可以看到掛著「閹割手術費低廉」招牌的店家。

到了十八世紀，據說佛羅倫斯的聖瑪麗亞諾瓦醫院，閹割手術專用床有八具，負責閹割手術的專業醫師領最高的薪水。

成功者不及一成

做了閹割手術的孩子想成為閹伶有幾個管道可以選擇。其中之一是將孩子帶到拿波里等義大利主要城市，請音樂學院或教會的樂隊指揮聽聽孩子的聲音。

另一個管道是將孩子帶給走訪每個村子、募集閹伶的仲介經紀人。仲介經紀人會送孩子至音樂學校或各國宮廷的庇護人身邊，當時各國宮廷皆積極尋找有才華的閹伶，還派遣使者到義大利各地找尋千里馬。

尤其是十七世紀，閹伶的需求量突然暴增，拿波里音樂學院還包旅費到國內各地募集少年歌手，也有人聽到這些訊息後直接將申請書寄給音樂學院的院長。根據留存至今的申請書，發現家貧、兄弟姊妹太多等等，是可以搏得對方同情的理由。

拿波里就是當時的音樂教育中樞，聖歐諾弗里歐學院、皮耶塔托爾奇尼學院、聖瑪麗亞羅雷特學院等名校林立。

少年能幸運進入音樂學院就讀的話，就要遵守嚴格校規，接受嚴苛的教育課程。閹伶可獲得比一般少年更優渥的待遇，吃到更多的食物，天寒的時候可以住進溫暖的房間裡。因為一旦感冒，天賜的美聲可能就此斷送。

這樣的差別待遇導致其他學生對閹割少年因妒生恨，會趁老師不在的時候加以霸凌。當時的學生分成「五體健全派」和「五體不健全派」，壁壘分明，一直都在爭鬥。

翻閱當時音樂學院的學生名簿，發現經常出現「閹割少年〇〇逃跑」的記載。可能是受不了身邊人的欺凌逃走了。

如果有回報，多麼辛苦都值得，但若特地接受了閹割手術，中途聲音卻變得不純淨，或才華無法伸展，下場真的很悲慘。

根據統計，最後通過嚴苛訓練堂堂成為閹伶的人，不超過接受閹割手術人數的一成。

修業期最短六年，最長可達十年，修業期間必須接受特別呼吸法訓練，一定要學習徹底，這個呼吸法正是閹割歌手美妙歌聲的基礎。當時創造了天使歌聲般的優美發聲法、快速跳弓演奏絕妙技法等各種讓人嘖嘖稱奇的歌唱方式。

閹割後也能射精？

接受閹割手術後，喉結當然不會出現，胸部會變大，體毛幾乎長不出來，體型會因為脂肪囤積的關係變得渾圓。

不過大部分的閹伶都能擁有正常的性關係。即使閹割了還是可以勃起或排精，只是沒有精子，無法生小孩擁有後代。

閹伶的特徵之一是長得特別高，有人身高將近兩百公分。因為沒有分泌睪丸素，無法抑制腦下垂體的活動，造成生長激素大量分泌，才會長得高。

閹伶少年對雙親的思念

因為雙親的意願而接受閹割手術的少年，究竟會如何看待他們的父母？

大部分成名的閹伶皆對雙親懷恨在心，他們都想隱瞞自己的出身，或抹殺過去的記憶。在音樂學院修業期間，絕對不會與家人通信，更沒有想回歸故鄉的意願。

對於擁有眾多兒女的貧窮父母而言，孩子當中有一人離開家裡，並不會認為是多嚴重的事。有的反而在心中竊喜，總算可以少個人吃飯。他們也不會特地去找成名的孩子見一面，就算想去也沒有旅費。

十九世紀的西斯汀教堂女聲高音歌手穆斯塔法被雙親告知，他小時候一個人待在田裡時被豬咬掉了性器官。穆斯塔法不相信這個說法，他一直懷疑是父親為了個人私欲，特地幫他動了閹割手術，一輩子都為此所苦。

有一次他被罵性無能，氣得抓著刀子大叫：「如果真是我父親害我變成這樣，我現在馬上用這把刀殺了他！」

就算隔了好幾十年才跟自己的孩子重逢，雙親也不敢奢望孩子會以懷念喜悅的心情迎接自己。

歌手羅雷托．維特利名聲達到顛峰時，有個男子上門自稱是羅雷托的父親，向他要錢。

羅雷托馬上說：「我會如你所願，錢不用還了。」然後從口袋裡取出空的錢包，露出一抹輕蔑的微笑，將錢包丟給男子。

拿波里的王立古文書館保存了好幾封歌手與家人之間因金錢引起的訴訟紀錄，還有歌手因為家人索求過度，向國王提出希望與家人斷絕關係的請願書。

「天籟之聲」的祕密

喻為「天使美聲」或「天籟之聲」的閹伶歌聲，已成為閹伶的標籤，人們會要求拿波里音樂學院等的少年閹割歌手裝扮成小天使模樣，為早逝的小孩子守靈。

多數閹伶初登場的年紀都很輕。尼克里諾十二歲、菲利和法里內利十四歲、卡法雷利十六歲。閹伶的出道地點不盡相同，拿波里、威尼斯、佛羅倫斯等地都有，出現頻率最高的地點當然是羅馬。卡法雷利等多位知名閹割歌手都是從羅馬出道。

不過，身為現代人的我們卻無緣聽到活躍於十七、十八世紀偉大閹割歌手的歌聲。亞歷山大・莫雷斯奇的錄音留存至現代，然而他不過是閹割歌手黃金時期的一位平凡歌手罷了。全盛時期閹伶的歌聲如何，只能憑當時人們流傳下來的證詞來想像了。

「就算絞盡腦汁以最誇張的語言或如詩般美麗的詞句來形容他的歌聲，還是不夠貼切。」作曲家龐登比留下這段稱讚菲利歌聲的文字。

歌劇作曲家史科拉第給閹伶法蘭奇史克羅如下的評語：「不敢相信有人擁有如此足以媲美天使的美聲。莫非是天使借了法蘭奇史克羅的肉體在表演？」

透過這些回憶或書信流傳下來的全是充滿感動的讚美，無法身歷其境的我們只能想像而已。

有人說因為閹伶的咽頭位置特殊，聲帶與共鳴體相當接近，才可以唱出驚人的高音音域。人氣最旺的歌手法里內利的音域是三個八度，還能不換氣連續拉音六十秒。據說後面的樂團演奏人員曾經聽得入神而忘了演奏。

據說路卡·法布里斯是因為過度追求高音而死。某天晚上，他的老師加路比要求他唱出極度的高音，結果舊疾發作，當場猝死。

閹伶是不倫的最佳對象

當時歐洲各國女性對閹伶的喜愛程度，宛若現代人對麥可傑克森或瑪丹娜的瘋狂。不論在舞台、街上或貴族招待所，他們都是閃耀的巨星。只要他們一出現，群眾就會開始歇斯底里地大叫。在舞台表演時，貴婦會興奮地將手上的月桂皇冠或情詩丟到台上。外出時，貴婦會將支持的歌手肖像畫寸步不離地抱在身上。

據說菲利造訪佛羅倫斯時，為了一睹偶像真面目的粉絲歡迎行列綿延四公里之長。他在教會表演時，許多人為了擠進教堂還打成一團。當菲利會在某位貴族招待所演出的消息流出時，總有許多人湧進該招待所的入口處。

有位名叫馬爾凱奇的俊美閹伶，許多貴婦自行製作鑲有其肖像畫的徽章掛在脖子、兩隻手腕上，甚至還有人將徽章縫在鞋子上。法國畫家維傑·納布倫夫人如此描述：「在馬爾凱奇的最後一場公演，女歌迷大聲叫著不要走，還有人潸然淚下。其他觀光客宛若在看第二齣戲，每個人表情都很驚訝。」

閹割歌手除了是當時的人氣巨星，也是貴婦不倫對象的最佳人選。當時流行政治聯姻，許多貴族女兒都是嫁給不愛的人。因此不具危險性的閹割歌手就成為她們最便利的偷腥對象。

知名閹伶坦杜西與英國貴族之女朵拉的相戀，在當時還演變為國際醜聞。多年後，有一次被稱為「追尋女色的風流才子」的義大利冒險家卡薩諾瓦巧遇坦杜西夫妻帶著兩人生的孩子出門，便問他怎麼會有孩子？坦杜西告訴他自己天生有三顆睪丸，閹割手術時只割掉兩個。

與雙性人女王的微妙關係

許多閹伶在君王的寵愛及庇護下，擁有崇高社會地位或被賦予尊榮的稱號。其中傳說是雙性人的瑞典女王克麗絲汀娜對閹割歌手的寵愛程度，簡直到了異常的地步。

一六四五年，服務於波蘭皇宮的菲利突然收到來自克麗絲汀娜女王的邀請。當時剛好波蘭和瑞典在打仗，克麗絲汀娜還為了邀請菲利到瑞典一事提出停戰申請。

克麗絲汀娜女王向波蘭國王提出出借兩週的請求，特地派遣女王專用船至波蘭接人。沒多久瑞典女王就頒贈聖馬可十字軍團士的稱號給菲利。

克麗絲汀娜女王與法國薩瓦公爵之間為了搶奪某位閹伶的故事相當知名。這位歌手就是藝名為「奇克里諾」的安東尼奧．李維尼。當時在克麗絲汀娜女王皇宮駐唱的奇克里諾為了短期出借的合約，來到薩瓦的卡羅．艾曼紐二世的宮廷演出。

奇克里諾似乎不想再回到克麗絲汀娜女王的身邊。等得不耐煩的女王寫了一封言辭犀利的信給亞里伯提伯爵（女王派駐在法國的代理人）。內容如下：

本人拒絕一直在我旗下服務的奇克里諾換成他人，我絕不同意。希望你知道，他之所以能存在這個世上，目的只有一個，就是為我歌唱。如果他不再為我歌唱，我也不打算讓他長期為某人歌唱。

不要讓他覺得我在請求他，把我的想法清楚傳達即可。無論發生什麼事，我都想要把他留在身邊。若為了應我要求使他失去聲音，縱使可惜，也無可奈何。他必須像之前那樣，在他死之前只能為我一人服務。否則，不幸的事一定會降臨在他身上。

後來克麗絲汀娜女王與薩瓦公爵夫人之間好幾次書信往來，內容出乎意外地犀利，完全想不到是出自高貴如女王之人之手。

克麗絲汀娜女王突然退位，移居羅馬，在羅馬生活了將近二十六年，期間為了擁有歌手科爾托納，與奧地利皇帝進行交涉，為了讓菲那里諾為自己歌唱，與曼托瓦公爵進行交涉。她位於賈尼科洛山丘的宅邸裡，聚集了維特利、菲德、柯爾托納等當時極受歡迎的閹伶。

「晚上在寢室等著他到來」

路易十四的孫子，也就是西班牙波旁王朝第一代君王的菲利普五世是位嚴重的憂鬱症患者。一旦憂鬱症發作，他就不與人見面也不洗澡，用盡各種方法就是無法擺脫自閉狀態。

菲利普五世曾將王位讓給兒子路易，但因兒子早逝而再登基為王。二十多年前開始發作的憂鬱症仍困擾著他，甚至會抓咬自己的身體，還對王妃施暴，大家都束手無策。

王妃伊麗莎貝塔·法爾內塞非常擔心菲利普五世的病情，不斷苦思能治好君王的方法。最後她邀請當時極受歡迎的閹伶法里內利進宮為熱愛音樂的丈夫演唱。

一七三七年八月的某個晚上，法里內利與菲利普五世初次見面。王妃拜託法里內利待在國王寢室隔壁，若無其事地哼歌給國王聽。結果出乎意料的成功，原本不太有興趣的菲利普五世臉上散發出耀眼神采。並打算送禮物給法里內利，感謝法里內利讓他如此開心。

法里內利告訴國王，他想要的禮物是請國王洗澡、梳頭髮、盡好身為一國之主的義務。

到最後菲利普五世根本不能沒有法里內利。每天早上醒來就吩咐隨從傳話給法里內利：「晚上會在寢室等著他的到來。」晚餐過後，法里內利會出現在國王的寢室，陪他聊天、唱歌、彈大鍵琴，每次都待很久。

傳聞法里內利服侍菲利普五世的九年時間裡，每天晚上都會重複吟唱四至五首曲目。不過也有人說這樣的傳說是為了強調法里內利對於菲利普五世奇蹟般的影響力。當時法里內利擁有的曲目已經接近無限。

對菲利普五世而言，法里內利是心腹也是至親好友。法里內利每年可拿到三千英鎊的高額報酬，還收到許多高價禮物。在法里內利的陪伴下，菲利普五世漸漸恢復元氣，也重拾活下去的勇氣，大家看到國王的轉變既驚又喜。

法里內利不只有歌手的才能，他的寬廣胸襟、敏銳的判斷力及外交能力這些特質，在菲利普五世於一七四六年辭世前的九年歲月裡，正是支撐國王的最佳精神食糧。

III 宦官

為何有宦官的存在？

直白地說，宦官（太監）係指已被閹割的官吏。最早是讓遭閹割之刑的俘虜、犯人服侍皇帝的生活起居，或後宮聯絡事宜。據說中國宮廷太監人數最多有一萬三千人，最少時也有三千人。

如此大量的太監是如何產生的呢？最早的作法是將異種民族俘虜閹割，當成太監使喚。據說西漢中期，被抓的西域樓蘭國王子送到長安時，漢武帝命令家臣將王子閹割。

元朝有一位朝鮮出身的皇后，當時也從高麗國送來了多位太監。明朝洪武、永樂年間，常出兵討伐邊境的少數民族或安南，擄獲許多異種民族俘虜，並將他們閹割。

隨著時代演進，將俘虜閹割變成太監的機會減少，因宮刑而成為太監的人數愈來愈多。宮刑為古代五刑之一，直譯就是閹割的意思。

所謂五刑指的是「墨（刺青）、劓（割鼻）、刖（砍腳）、宮（閹割）、大辟（斬首）」。對古代人而言，生殖器官與頭部同等重要。宮刑是為了懲罰重刑犯而設，是五刑中僅次於斬首的重刑。

唐朝則因為太監的需求量暴增，下令地方政府獻上閹割的人。於是官員便開始尋找相貌端正、聲音柔美的男孩，強行閹割獻給朝廷。來自福建、廣東、廣西等地的太監最多。尤其是福建地區，後來出了許多操控唐朝政局的知名太監，成為知名的太監產地。

當時太監的理想標準是年輕美男子，舉止優雅且聲音甜美，還要長得一臉伶俐的模樣。福建出身的太監之所以能夠嶄露頭角，因為他們擅長模仿女性優雅的舉止。

六朝以後，中國地區男色盛行，福建正是知名的男色起源地。在福建地區已經成為一種色情行業，不論貴賤或年紀，都沉迷於男色中。

想成為太監的第三個方法就是自宮。自宮並非刑罰，也沒有受到政府逼迫，是一般人民自願閹割。早在春秋、戰國、秦漢等時代，自宮早就在檯面下進行，直到西元十世紀的宋代，才成為公開的行為。

打算自宮的人首先要到兵部（陸軍省）報名，得到許可後再擇吉日進行閹割手術。兵部會於當日做紀錄，上承朝廷進行事實認定，等傷口痊癒，就會接當事者入宮。

獲得任官許可的自宮者會將自宮日視為自己重生的生日，過去掌管自己人生的星星也換新，開始第二人生。

唐朝至宋朝期間，平民接受國家科舉考試，就能憑實力當上大臣或宰相。可是，與學問無緣的低層階級想出人頭地的話，第一個選擇就是成為太監。

捨棄身為男人的象徵需要極大的勇氣，可是當你窮到吃不飽、討不到老婆時，就會覺得男人的象徵一點也不值錢，根本不會留戀。

到了明朝，自宮相當盛行。當時政府編纂的官方紀錄《皇明實錄》有如下的記載。

老百姓看到太監從背後操縱皇帝，利益惠及九族，便閹割自己的兒孫，夢想富貴。當時有個村莊，閹過之人達百人之上，就算嚴令禁止，百姓仍不在乎。

明朝末年募集三千名太監職缺時，竟然有超過兩萬人報名。朝廷趕緊將預定人數再增加一千五百人，但還是有一萬五千人落選，這也無可奈何。

慘烈的閹割手術

太監的閹割手術過程如下所述：

願意淨身入宮當太監的人，必須要由有地位的太監援引，提出願意把自己當成女人嫁進宮裡的聲明書，也就是「婚書」。提出許可後，淨身者要待在密室裡節食數日。進行閹割手術前，要將肚子裡囤積的東西清光，避免手術後排泄物污染傷口，引發感染。

手術於密不通風的密室進行。為了確認受割者的意願，術前會要求本人朗誦婚書。然後脫光受割者的衣褲，蒙上眼睛，雙手雙腳綁得非常牢固。此時操刀者會問：「你是自願淨身嗎？」「假如你反悔，現在還來得及！」受割人回答：「絕不後悔。」

首先使用繩子或繃帶，將受割者下腹部和髖骨上方緊緊綁住。以高溫辣椒水仔細洗滌手術部位，再用彎如鐮刀的小刀，將陰囊連同陰莖一起切斷。然後以浸過冷水的紙小心包紮傷口，再由兩名操刀者攙扶被手術的人在房裡緩步行走兩、三個小時後，才可以躺臥。

術後三天禁止飲水。這段期間會覺得乾渴，加上傷口的痛，相當痛苦難受。三天後拔掉白蠟栓子，尿如瀑布般湧出，這樣就算大功告成。傷口痊癒後就會被送進宮裡，經過一年的修業期，明白所有的太監工作內容，就正式實地上工。

切掉的部分稱為「寶貝」，執刀者會將寶貝裝進密閉容器，置於高架上。寶貝的主人在宮中獲得升官機會時，必須上呈寶貝，如果沒有上呈寶貝就無法升官晉階。

檢查寶貝的過程稱為「驗寶」。一般說來「寶貝」的所有權屬於受割者，可是總有人會在手術後忘記拿回自己的寶貝。這時候「寶貝」會自動歸為操刀者所有。

經常有人因升官急需「寶貝」，急急忙忙找操刀者要。自己保管寶貝的人當中，也會有弄丟的情況。這時候如果剛好碰到有人淨身，只好拿出五十銀兩購買別人的寶貝。

太監過世時，他的「寶貝」會一起放進棺材埋葬。因為太監希望能夠恢復原有的男兒身，前往另一個世界。傳聞如果沒有「寶貝」同葬的話，來世投胎時，冥王會把人變成母的騾子。

閹割畢竟是違反自然原理的行為，術後太監的身體會出現各種變化。在孩童時期淨身者不會長鬍鬚，不是孩童時期淨身的人，也會在數個月後開始掉鬍鬚。喉結會變小，聲音變高亢纖細，皮膚變柔嫩，身材也會變得像女人般豐腴。

後來還會尿道失控引發漏尿。太監總是動來動去，無法安靜站著，原因即在於此。最後變成尿失禁，尿液突然自己流出來，沾濕了內褲，滴落於地板上。所以，太監不得不在工作最忙碌的時候頻上廁所。

多數太監進宮後都得接受好幾次的整修手術。萬一第一次手術未盡完善，長大後性器官會冒出來。在清朝時期賦予太監「三年一次小手術，五年一次大手術」的義務，檢查時若發現陰部有一點肉突出，馬上下令進行整修手術。

在很幼小的時候即淨身的話，尤其是天生體質強健，生命力強的人，到了發育期很可能會長出新的性器官。有的太監會賄賂操刀者或宮裡的檢查官，要求保留部分性器官。

年幼即閹割的人，據說只要經常服用「玉莖重生藥」（讓睪丸、陰莖重生的藥物），性器官還是可能會新生。明清時期的太監會吃被當成玉莖重生藥的牛或驢的生殖器。據說明朝萬曆年間因對人民收取暴稅而引起公憤的太監高寀，相信食幼兒能讓性器官重生的說法，殺死了多名幼兒。

後宮妻妾與太監的關係

有人因為當了太監而飛黃騰達，太監與宮女之間當然也會有情愫產生。漢代有句話叫做「對食」，意思是指太監與宮女結婚。

明太祖對娶妻太監施以剝皮之刑，但後來已經無法禁止。明朝中期以後，對食（明朝稱「菜戶」）相當盛行，剛開始都是祕密進行，後來變成公開的行為。

太監與宮女的愛意特別深，一旦哪一方出軌，就會萌生可怕的妒意。傳說某位菜戶（宮女）移情別戀其他太監，被戴綠帽的太監太傷心了，最後捨棄紅塵，剃髮出家為僧。對食的太監宮女夫妻檔中，某一方先往生的話，也有不少人選擇孤單終老。

某位學者造訪都城郊外佛寺時，發現寺內有間從不開放的房間擺放了許多先行離世太監的菜戶牌位。據說每到忌日，成為鰥夫的太監會來這裡祭拜，並流下傷心的眼淚，看到這番景象的人也忍不住跟著流淚。

當上一國之君，就背負著治理國家的使命，沒有自由選擇結婚對象的權利，為了國家甚至要犧牲兒女私情。即位後身邊淨是覬覦自己王位的人，有時為了守住王位，不得不殺害或流放親生兒子或兄弟。君王天生就注定要無情且孤獨。

所有的臣子都有家庭，也很珍惜自己的子孫，根據現實考量，要臣子拋棄一切忠心服侍君王根本辦不到。相對地，太監原則上是無妻無子之人。因為太監一直生活在絕對的孤獨中，能夠體會皇帝內心的孤單，也能獻上一切忠貞服侍皇帝。

為了滿足皇帝的欲望，後宮住著人數眾多的妻妾。如果皇帝的後宮妻妾成群，當然就需要許多服侍者。讓男性下人服侍全是女人的後宮，發生性方面問題的機率當然很高。如果是由太監服侍，就不會有這方面的問題，因此，對後宮而言，太監正是不可或缺的存在。

太監的榮華富貴

西漢中期，漢武帝劉徹為了強化皇帝權力，設置了處理皇帝機密事務的尚書職位。擔任尚書的太監（中人）又稱為中書。尚書職權相當廣泛，從保管奉呈的文件到文書處理都是主要任務，處理好的上呈文件不透過政府機構轉呈，而是直接送達皇帝，也因為這樣，尚書的權限愈來愈擴大。

東漢和帝以後，陸續有十幾位年幼皇帝繼位，因為太后攝政，不能與官員公卿直接接觸，中常侍職位全由太監一手包辦。當皇帝長大，想統治國家時，為了從皇太后或其外戚手中奪回政權，只好利用太監，因此讓宦官權力坐大。

隋文帝時代設置內侍省官位，任命太監擔任該職。到了唐朝，內侍省的四名內侍為最高長官。明朝由十二監、四司、八局組成的二十四衙門機構成為最大的宦官組織。宦官人數快速暴增，明太祖朱元璋的洪武元年（西元一三六八年）宦官人數不過百人，到了明朝末期，北京宮廷的太監人數多達七、八萬人。

因外戚、宰相、地方勢力的抬頭，導致皇帝的權力不斷受到威脅。官僚組織龐大化，皇帝統治官僚之路就愈來愈艱辛。這時候只好把宦官當成偵探，由他們監視官員。

在唐朝，李輔國、魚朝恩等宦官手握朝廷大權。李輔國的官銜是司空（相當於現在日本的土木建築大臣）兼中書令，可說是出人頭地的太監，享有極高的名利及地位。

從奏摺到公文所有要上呈給肅宗皇帝的文書都得經過李輔國之手，連象徵皇帝的「符印璽節」也由他保管。朝臣的所有重要案件也是由李輔國負責仲裁。

宦官權力的擴大似乎永無止盡，唐朝末期登基的十位皇帝中，憲宗、穆宗、文宗、武宗、宣宗、懿宗、僖宗、昭宗八位皇帝全是由宦官擁立。

北魏王朝時代的皇室尚未建立穩固蔑視宦官的儒家思想，導致北魏宦官的地位猶如鰻魚登天，壟斷了尚書、侍中、中書令等重要官位。後宮宦官的奉祿足以與貴族顯要並駕其驅，擁有與諸王、外戚同等的財力。

北魏多數宦官皆被賦予爵位。譬如仇洛齊被封為零陵公，段霸被封為武陵公，王據封為廣平公，而且爵位是世襲，由他們的養子繼承。

後宮宦官豪奢的生活更是讓人嘆為觀止。據說中常侍的侯覽一個人名下即擁有十六棟房子，而且每棟房子都是豪華高樓，有著寬廣的池塘及庭園，還建造可相望的堂閣，富麗堂皇宛若宮殿。

Ⅳ 雙性人

有月經，也能排出精液

雙性人是指一個身體同時擁有陰莖和陰道的人，或體內同時有精巢及卵巢的人，總之，就是同時擁有男性及女性性徵的人。

通常胎兒滿八週大之前，依舊擁有男女雙性胚胎，是男是女都有可能。胎兒在母體內成長之際，視染色體的影響程度而長成卵巢或睪丸。

不過，過程中荷爾蒙或腺體組織可能會出現異常，影響胎兒正常發育。這時候就會誕生相當罕見、同一個身體擁有男女雙性性器官的嬰兒（疑似雙性人）。

通常就算擁有雙性器官，多半會有一方沒有任何功能。雖然機率極低，還是有著能與男人及女人都發生性關係的雙性人存在。這樣的人擁有陰囊和卵巢，有生理期，同時也會勃起排出精液。曾經有這麼一號人物，他在十八歲時因賣春遭逮，釋放後過幾天，竟因強姦罪再度被逮。

兩個器官再次合而為一

雙性人的英文稱呼為「Androgynos」（語源是希臘語andro（男）和gyne（女））或「Hermaphroditus」，自古以來人們對於是男人也是女人的雙性人抱持極大的好奇心。

赫馬佛洛狄圖斯是希臘神話中信差之神赫米斯和愛與美之神阿芙蘿黛蒂所生的兒子。赫馬佛洛狄圖斯在十五歲時離開家鄉伊甸山，走訪整個亞洲。

抵達卡利亞時，他站在水中之神薩爾瑪姬絲所在的泉水畔。薩爾瑪姬絲愛上了貌美少年，向少年求愛卻遭到拒絕。有一天，當少年走進水裡，薩爾瑪姬絲緊抱著少年，不讓他離去。

薩爾瑪姬絲向赫米斯和阿芙蘿黛蒂雙神祈求，希望能將自己的身體與少年的身體合為一體。雙神聽到了水精靈的請求，創造出來的那個人成為雙性人。後來據說只要是泡過那個水泉的人，都會變成雙性人。

古希臘哲學家柏拉圖的著作《饗宴》中提到在遠古時代，人們都是雙性人的假設理論。不過，當時的人們打算反抗諸神，惹惱了宙斯，下達將人們對剖的懲罰，將原來合為一體的男性及女性身體分開。柏拉圖又說，世間男女之所以會互相吸引，就是那時候被迫分離的兩個器官在無意識間想找到另一半，再合而為一的欲望作祟所致。

中世紀基督教學者中，有一派主張人類祖先為雙性人。這派學者根據聖經內容「神就照著自己的形象造人，乃是照著祂們的形象造男造女。」（創世紀一章二十七節），主張亞當也是位雙性人，是由他的身上誕生。

不過，古代社會視雙性人為不祥之人，會殺害性別不詳的孩子。古羅馬歷史學家李維曾留下這樣的事件紀錄，雙性人被當成會招來厄運的不祥之人，被丟進台伯河裡淹死。

也有人持相反看法，認為雙性人是世上最完美的人。這派人認為兩性完全結合能帶來至高的快樂，雙性人的身體同時具備男女性徵，等於男女雙性結合，簡直就是超人。

到了中世紀，教會認為雙性人是惡魔作祟的結果，逮捕雙性人進行宗教判決，予以處刑。西元一五五九年，發生名為安蒂朵．克菈的雙性人遭逮捕的事件。

檢查安蒂朵身體的醫生們認為她（？）會成為雙性人，擁有如此異於常人的肉體，是與惡魔交易後的結果。安蒂朵被嚴刑拷問，被迫自白與惡魔發生過肉體關係，然後活生生燒死。

隨著時代演進，雙性人遭處刑的案例減少，卻變成強制雙性人要做出選擇成為男人或女人。而且一旦選定性別，如果過著違反性別的生活方式，會遭到嚴厲的懲罰。

侮辱神聖祕蹟之罪

西元一五八一年，在法國馬槽鄉蒙蒂維里耶村的製鞋店，有位嬰兒誕生了，他的名字是瑪麗．馬爾西斯。因為家貧，瑪麗八歲開始就在好幾個人家裡當小幫傭。已屆適婚年齡的時候，瑪麗在工作的弗雷蒙家認識了三十二歲的寡婦珍妮．雷菲布雷。

珍妮是位有著三個小孩的寡婦，當時她的工作是負責照顧剛生產的弗雷蒙夫人。

某天兩人一起洗衣服時，瑪麗向珍妮表明自己是男兒身。雖然兩人墜入情網，珍妮也會愛撫瑪麗的性器官，卻沒有發生更進一步性關係的意願。

瑪麗帶珍妮回家，介紹給雙親認識，並表明想跟珍妮結婚，聽到這個消息，瑪麗的雙親當然堅決反對。不過兩人不顧父母的反對開始同居，瑪麗改名為馬倫，開始穿男裝。

兩人拜訪村裡的祭司，祭司告訴兩人，如果想拿到結婚許可證，要找特別聽罪師。可是，因為有人密告，當兩人找到特別聽罪師時遭到逮捕，被帶到馬槽鄉的國王總代理官特里耶的面前。

盧昂法庭命令醫師、藥劑師及兩位外科醫生檢查「瑪麗」（馬倫）。很不幸地，馬倫因為遭到逮捕，又被關進監獄裡，大受打擊導致陰莖神經性萎縮，縮進體內。馬倫為了證明自己沒有說謊，一直努力自我辯解。「我的男性性器官經常會縮進體內，性交時也不會太突出。自從被逮以後，陰莖就一直縮在體內，但偶爾也會跑出來。雖然不像平常那麼粗，大概只有大拇指的寬度，長度也不算長。可是，只要您們實際看了以後，就會知道我所言不假。」

珍妮也在一旁幫嘴，聲稱比起她死去的丈夫，馬倫對於閨房之事更熱心，而且能力更強。可是，最後還是做出以下的判決：

瑪麗．馬爾西斯因以下兩項罪名被告發，且確認有罪。兩項罪名分別是女扮男裝，偽稱是男性的詐欺罪，以及以此為藉口，與人稱珍妮．雷菲布雷的人一起犯了雞姦罪及風化罪。

此外，為了進行犯人自稱的性行為，打算利用神聖的結婚保護套來遮掩這令人不悅的罪行，企圖褻瀆自然天理，玷污公德，欺瞞教會，污辱神聖祕蹟。

珍妮．雷菲布雷明明知道一切事實，卻袒護所有罪行，這樣的行為也應該受罰。（略）對於瑪麗．馬爾西斯將處以火燒之刑，將其遺體燒成灰，財產和遺產全部由國王沒收。

珍妮的判決是讓她親眼目睹瑪麗處刑後，在廣場被鞭刑三天，然後流放至諾曼第，財產和遺產全被國王沒收。

瑪麗當然向盧昂的高等法院上訴，這次是六位醫生、兩名外科醫生、兩名產婆負責檢查。不過，多數人只是敷衍了事，並建議處以終身監禁。

里歐蘭醫生和杜瓦醫生卻給予不同的意見。首先里歐蘭醫生的證詞認為瑪麗並非出於惡意，因為她多了一個多餘的性器官，有可能因此而對性別認知產生混亂。

勇氣十足的杜瓦醫生使用手指尋探瑪麗的器官，認為有陰莖存在，並相當堅持其陰莖正好附著在女性的外陰部位置。他還刺激瑪麗的性器官，甚至看到確實有精液射出。

歷經波折，瑪麗和珍妮好不容易免除死刑。不過就算被釋放，瑪麗往後的人生還是多災多難。

法院最後判決命令瑪麗不得再使用馬倫這個名字，必須換回原名瑪麗，穿上女裝，在二十五歲前不准結婚，萬一違反命令，將處以死刑。

張開兩片陰唇，排尿的模樣大公開

十七世紀的瑪格麗特．馬洛事件也很有名。

馬洛的出生地是法國土魯斯司教區的小村莊，年幼時就成為孤兒，由奶媽撫養長大。因為奶媽沒有告訴瑪格麗特真相，導致瑪格麗特長大成人後，也不知道自己的生理結構不同於一般女性。

一六八六年，二十一歲生病的馬洛到城裡的施療院就醫。醫生做出了其體型不像少女，較接近少年體格的判斷，在報告書中寫上馬洛是位雙性人。聽到這個消息的司教區代理命令她穿上男裝。

馬洛完全無法接受這項命令，她逃離了土魯斯，在波爾多的某家豪宅裡從事幫傭的工作。可是，卻被來自土魯斯的旅客識破身分，遭到逮捕，又被送到眾判官面前。

審判官命令她將名字瑪格麗特改為亞諾，換上男裝，並告知如果違抗命令將施以鞭打之刑，即使這樣仍不服從命令的話，就處死刑。

馬洛一直認為自己是女兒身，儘管心裡不滿，也只好開始尋找男人能做的工作。可是，她並非魁梧的男人，根本做不來男性的工作，加上大家都怕雙性人，看到她就跑得遠遠地，根本不可能僱用她。

馬洛淪為乞丐，在城鎮之間流浪。

馬洛擁有美貌。聲音和臉蛋都很有女人味，胸部豐滿且身材迷人，當她到一個新地方時，每個人都被她迷上了。可是，一旦知道真實身分，大家就把她當成怪物，根本不會僱用她。

一六九二年，無計可施的馬洛到了巴黎。她再一次向醫生求診，並要求醫生救救她。當時的知名醫師赫維提烏斯看了馬洛一眼，就斷定審判官們的判決是錯誤的。馬洛為了接受公家檢查住進了施療院，但是等待她的卻是讓她飽受羞辱，史無前例的審問過程。

醫生們從馬洛豐滿的乳房開始，縝密且嚴格地檢查她身體每個角落。不止如此，還要求馬洛在見證人面前排尿。因為馬洛說她排尿時，尿液原本就是會從兩個地方排出。

醫生為了證明馬洛的說法錯誤，在她排尿時，要她用雙手將兩片陰唇張開，讓見證人可以清楚看到尿液確實是從尿道排出的模樣！

馬洛接受一連串羞辱的檢查後，得到跟上次截然不同的判決，判官命令她重新改回瑪格麗特的名字，並穿上女裝。

事情並非這樣就結束了。根據當時的慣例，馬洛要服從新的判決的話，必須有一道捨棄之前土魯斯判決的手續。

然而馬洛沒有可以回到土魯斯的旅費，而且她如果以女裝打扮回到土魯斯，因為之前的命令仍暫時有效，一定會遭受鞭刑。

走投無路的馬洛做了一個大決定。她直接向國王提出訴狀。這在當時真是奇聞，馬洛終於取得調查的許可。

法國國王路易十四為了調查這起事件，任命兩位醫師及兩位外科醫師為調查委員。根據他們的調查報告，證實瑪格麗特．馬洛是百分百的女人，國王最後下達從今以後必須使用女性姓名、著女裝、以女人身分生活的命令。

瑪格麗特雖然歷經一段漫長的辛苦路程才獲得平反，但從結果來看，她算是幸運的。

「男性部分」的遺產繼承

西元一八二三年，美國發生一件耐人尋味的事件。事件主角是瑪麗．桃樂絲，她平常穿女裝，以女人身分生活，然而其實她是同時擁有男女性器官的雙性人。

瑪麗出身富豪之家，母親早亡，不久父親也病亡。父親留下巨額遺產，可是遺書中卻有這樣的條款。父親宣稱財產只有兒子能繼承，女兒則否。

這下子瑪麗慌了，陸續造訪當代名醫，要求為她進行徹底的檢查。最後得到以下的結論：兩位醫生診斷她是百分百的女人，三位醫生診斷她是男性，六位醫生無從判斷瑪麗是男是女。

感到困擾的不止瑪麗，法院也深感其擾，左思右想後，提出以下的結論：瑪麗同時擁有女性性器官及男性性器官是不可撼動的事實。因此，法官做出她生理上的男性部分擁有繼承一半遺產的權利！

為了禁忌的「歡愉」與「性愛」而生的人們

Part 2

鍾愛男扮女裝與少女的神職人員——喬伊西

男扮女裝癖名人

提到西歐史上的男扮女裝名人，服侍路易十五的「雙面騎士」眾所皆知。不過在法國，與雙面騎士同一年代也出現一位女裝癖名人。他就是法蘭西斯·提摩里昂·喬伊西。

提摩里昂的父親是朗格多克市長兼國務院議員約翰，母親是約皮塔大法官的孫女珍妮。

其母親是位重名聲，喜歡耍權謀的女性，路易十三時代的辛格·馬爾斯事件（寵臣辛格·馬爾斯圖謀將當時宰相馬札然拉下台的事件）、企圖讓蒙龐西耶大公主（法王路易十四的堂姊）成為法國王妃的計謀等眾多事件都與珍妮有關。約翰與珍妮兩人共生了三名兒子及五名女兒，提摩里昂是么兒。

提摩里昂從小母親就讓他穿上女孩的服裝，並帶著這樣的他到處走動。對已過中年、容貌漸衰的珍妮而言，幫天生長得人見人愛的提摩里昂打扮是生活的樂趣。

當時的上流社會，男孩子年幼時打扮成女生是普遍的現象，但十歲以後，就會恢復男兒裝扮。可是，提摩里昂在十八歲以前，一直都被母親打扮成女孩子。

提摩里昂會被打扮成女孩子，其實還有另一個原因，那就是當時宰相馬札然的政治謀略。馬札然怕皇弟菲利普威脅其兄路易十四的王位，想將他從政壇連根拔起，便教導菲利普男扮女裝的箇中樂趣，也找了擁有女裝癖的青年成為他的朋友，讓菲利普終日與這些人為伴。

擁有政治野心的提摩里昂之母便將兒子扮成女孩，希望能被選為皇弟菲利普的玩伴。

珍妮還打算讓喬伊西的體型變得更有女人味，她讓喬伊西穿上高聳的胸甲，還塞了東西讓雙峰更豐滿，看起來就像已經發育完成的少女胸部，高挺豐滿真迷人。為了不讓兒子長鬍鬚，從小就幫兒子塗毛根除去液。據說從小就塗的話，毛髮會變稀疏。

西元一六六〇年，父親約翰辭世。母親擔心提摩里昂的未來，思考著要如何讓兒子擁有安樂的生活，確立社會地位。男扮女裝不但花去了大筆金錢，提摩里昂還繼承了母親嗜賭的性格。

最後他的母親終於想到可以讓兒子一生安逸的出路，那就是取得神職人員的職務。於是，母親讓提摩里昂在利勒博納上了四年的神學課程，西元一六六二年，提摩里昂成為歐什教會的神職人員，一六六三年是聖塞納的神職人員，畢業的時候，提摩里昂已是年收入一萬四千里弗爾*的高所得人士。

西元一六六九年母親珍妮辭世，享年六十五歲。提摩里昂繼承大筆遺產，其中最令他開心的是母親留給他眾多美麗的寶石。獲得這些寶石後，更燃起他對男扮女裝的熱愛，在母親死後，提摩里昂公然再以女裝亮相。

知名法國經典小說《克萊芙王妃》的作者拉斐特（La Fayette）夫人對提摩里昂說：「你比較適合女裝的打扮。」還介紹朋友拉羅歇福德公爵給提摩里昂認識。後來也如其亡母所意，皇弟菲利普相當喜歡提摩里昂。每次菲利普造訪巴黎時，一定邀請提摩里昂至官邸一遊，菲利普舉辦舞會時，請提摩里昂務必以女裝扮相出席。

後來，路易十四在巴黎觀賞歌劇時，透過彼此友人的幫忙，提摩里昂受邀至樓台一起看戲。當時提摩里昂穿著白底金花點綴的圍裙，路易十四讚美他「宛如天使般美麗」，並邀請他到自己的樓台一起享用簡餐。

痛過以後就會快樂無比

只有一個人公然指責提摩里昂，他就是負責扶育路易十四的蒙托亞公爵。公爵完全不給路易十四面子，在他面前給提摩里昂難堪，對提摩里昂說：「虧你身為男兒身，卻刻意男扮女裝，不覺得羞恥嗎？」

可能這番直言不諱的話語刺激了提摩里昂，他決定遠離巴黎。

他想去一個沒有人認識自己的地方，最後找到位於巴黎中央的布爾日。布爾日並非有軍隊往來的軍事重地，提摩里昂認為這裡是最佳居住地，就算男扮女裝也不會被發現。

提摩里昂在布爾日附近的克雷彭村買了一座城堡，換上迪巴爾公爵夫人的名字，以女人身分生活。

＊弗爾（livre）：法國古代貨幣單位之一，相當於一磅白銀。

為了不引起他人懷疑，他非常小心。之前在老家的傭人，除了嘴巴很緊的布傑夫妻，其他人全部解僱，因此新僱用的傭人全都以為他是伯爵夫人。

提摩里昂住在擁有二十亞潘*大的庭院、花園、菜園、池塘、小森林的克雷彭村城堡裡，過著豪奢自在的生活。在這個純樸的小村莊，從大城市來了一位喪偶的伯爵夫人的消息馬上就傳開了，吸引了村裡的名士想一探究竟。

提摩里昂也是經過一番算計，剛搬到克雷彭村時打扮相當樸實，不佩戴任何首飾，連蝴蝶結也選黑色的。第二次現身時，打扮得比上次還美麗一些。這麼做才能讓人慢慢接受他的華麗打扮。可能這個方法有效，沒有人發現他是男兒身。因為「他」的胸部高挺豐滿，身材也婀娜渾圓。

提摩里昂認識的新朋友中，與葛里茲侯爵夫人母女交情最好。葛里茲侯爵家的女兒有著一頭迷人金髮、漂亮肌膚和一對大又圓的眼睛，是位人見人愛，相當可愛的女孩。

提摩里昂渴望將這位女孩變成自己的女人（他雖然喜歡扮女人，但不是同性戀者），他告訴女孩的母親，如果好好培養她女兒的品味，會更加美麗迷人，希望將她女兒留住在克雷彭城堡裡。

這位個性隨和的母親心想，如此時髦美麗的伯爵夫人願意調教自己的女兒，將來女兒一定會成為很有魅力的女人吧？於是，她很開心地將女兒交給提摩里昂。

那天晚上，提摩里昂開始對葛里茲小姐展開追求。當提摩里昂躺在床上說：「可愛的姑娘，過來我身邊」，女孩馬上躺在他身旁。

提摩里昂緊抱著女孩，溫柔地與她接吻。接下來輕輕捧著女孩美麗的雙峰，用嘴親了一下，但為了不讓女孩懷疑自己的女人身分，第一晚就到此為止。

扮女裝反而成為誘惑女孩的最佳隱身衣，提摩里昂可能本來就是個大壞蛋。

第二晚，提摩里昂仍是女裝打扮，引誘女孩到床邊，女孩也不疑有他乖乖地躺在床上。因為女孩已經把提摩里昂當成是男人的「他」，而且完全被迷惑了。

女孩等不及心中想像的那個他靠過來，主動抱著提摩里昂，獻上狂風暴雨般的熱吻。

覺得慶幸的提摩里昂一隻手緊抱著女孩，另一隻手已經悄悄地撫摸著女孩的私處。可是，因為提摩里昂的動作愈來愈大膽，害怕的女孩終於忍不住大叫，傭人布

＊亞潘（Arpent）：法國舊制面積單位，一亞潘相當於六分之五英畝。

傑的老婆趕緊跑過來。

女孩被提摩里昂緊擁在懷，卻大叫著：「哎呀，為什麼這麼痛！」布傑的妻子見狀以諷刺的口吻說：「小姐，忍耐一下。等不會痛了，您就會覺得非常快活。」

提摩里昂也在一旁幫腔，過一會就不會痛了，痛苦的淚水將會轉化為歡愉的淚水。就算是多麼不懂世事的女孩，難道不會覺得事有蹊蹺嗎？不，就算察覺不對勁，可能也無法抵抗提摩里昂所散發出的魅惑能量。

喜歡在人前擁抱愛人

於是，女孩完全沉溺於提摩里昂帶給她無微不至的快感中。等她發現提摩里昂是男兒身時已經太遲了。

提摩里昂好像有暴露癖。他不是只想愛撫女孩，還極度渴望讓人看見他緊抱女孩的樣子。事情發生的那天，正好是克雷彭城堡之前的主人，也就是財務官員加里奧特夫婦造訪的時候。

晚餐後，按照當時的習慣，迪巴爾伯爵夫人，也就是提摩里昂半躺在床上，與加里奧特夫婦聊天。因為葛里茲小姐正好走過來，提摩里昂便喚她也一起躺在床上。

然後，提摩里昂就躺在女孩的右側，兩人雙腳交纏，整個人趴在女孩身上，想與女孩接吻，又將臉撇在旁邊，以戲謔的語氣跟加里奧特夫人聊天。

「妳看，這孩子是不是很冷漠？任憑我怎麼弄她，她就是沒有回應。」

在外人面前愛撫女孩的舉動讓提摩里昂更有快感。加里奧特夫婦好像也不覺得眼前的景象有何怪異之處。當時女人之間互相擁抱、肌膚相親，根本就是司空見慣的事。

後來，提摩里昂再一次邀請市長到他的克雷彭城堡作客，聽完演唱會、泛舟後，打算跟葛里茲小姐上台表演，演出最喜歡的歌劇《波利耶克特》裡的一段情節。當時由葛里茲小姐詮釋男性角色，提摩里昂自己演出女性的角色。

迷上少女明星

快樂的日子並不長久，因為出現了一位讓提摩里昂更著迷的女孩。

有一天，四處表演的行動劇團來到了布爾日。提摩里昂馬上去看表演，他被劇團裡一位十五、六歲的女演員深深迷住了。這位少女的名字叫作蘿絲蕾。

提摩里昂拜訪了劇團團長德洛塞，他告訴團長蘿絲蕾是位有前途的演員，拚命說服團長應該分配更好的角色給她。還拜託布爾日市長支持蘿絲蕾，很快地蘿絲蕾便負責科爾涅編劇的戲碼《領袖》中希梅娜的角色。

提摩里昂非常喜歡美麗的蘿絲蕾，他親自傳授蘿絲蕾表演技巧，讓蘿絲蕾爆紅，只要是蘿絲蕾參與演出，保證觀眾爆滿。完全被蘿絲蕾迷上的提摩里昂將她帶回克雷彭城堡的家。可能因為蘿絲蕾的經驗比起葛里茲小姐稍微豐富，第一天晚上提摩里昂緊緊抱住她時，並沒有反抗。

提摩里昂向蘿絲蕾許下承諾，永遠都不會拋棄她，然後用雙手緊擁入懷，開始接吻。

「蘿絲蕾什麼話都沒說，只是一直嘆氣。我知道當擁抱的力道逐漸加強時，抵抗的力量就會變弱。於是我更用力地抱著她，那一天就這樣結束了。」

幾天後，提摩里昂去找久未見面的葛里茲小姐，她一看到提摩里昂的身影，哇地一聲哭出來，當場逃跑。

「你已經不愛我了。聽說你已經把蘿絲蕾帶回你家。那個人或許比我還漂亮，但她絕對不像我這麼愛你。」

提摩里昂啞口無言。雖然他對葛里茲小姐的愛已經消失了，但還是難掩悲傷。就在這時葛里茲夫人出現了，她有話要對提摩里昂說。

原來古德伯爵要跟她的女兒相親。古德伯爵是地方上的有錢貴族，提摩里昂告訴夫人這是一門好親事，力勸夫人要積極促成這門親事。因為提摩里昂已經不愛葛里茲小姐，把她嫁出去是最好的善後方法。對於心煩得不知該如何收拾這段感情的提摩里昂來說，這個消息像是在適當時機出現的救命船。

一週後，古德伯爵要跟葛里茲小姐結婚的消息傳開了。提摩里昂為了祝賀而到布爾日，只有他和葛里茲小姐獨處的時候，送給她這樣的忠告。

「妳在新婚之夜，要想起妳跟我共度的夜晚，把妳對我做過的事情如法炮製在妳先生身上。妳要盡量抵抗，裝作守身如玉的樣子，又哭又叫。如此一來，妳先生就會認為是他自己教會妳那些事。妳能不能擁有幸福，關鍵就在這裡。」

提摩里昂給的忠告與一般世間男人給女人的忠告內容有點不太一樣。雖然提摩里昂是男兒身，但或許他天生就有一顆女人般細膩的心。

總之，成為古德伯爵夫人的葛里茲小姐馬上就懷孕了，與伯爵的婚姻生活似乎也很幸福。原本還對提摩里昂有所留戀的她，那份感覺已經消失得無影無蹤。

「我不會對已婚女性感興趣。結婚會讓女人的魅力全失。」

提摩里昂只想著要如何讓男扮女裝的自己更加美麗，他的人生就是在追求快樂，俗世的結婚制度永遠與他無緣。

仔細想想，提摩里昂會這麼說，應該是出於一種嫉妒心理吧？對於已經成為別人囊中物的女人會突然失去興趣，也算是提摩里昂的一種性癖。

在行動劇團要離開布爾日那天，提摩里昂要蘿絲蕾退出劇團，並把她帶回克雷彭城堡。其實提摩里昂已經給養育蘿絲蕾長大的嬸嬸一筆錢，所有的事情都是兩人事先安排好的。

互換裝扮的情侶

就這樣，提摩里昂與蘿絲蕾開始了同居生活。蘿絲蕾完全成為提摩里昂的愛人，提摩里昂為她製作美麗衣裳，並饋贈寶石、飾品。

造訪附近地區時，提摩里昂總是洋洋得意地牽著蘿絲蕾的手同行。當大家誇獎蘿絲蕾時，就好像在誇獎自己一樣。

或許提摩里昂想將以前母親對自己做過的事，如法炮製在自己喜歡的女孩身上。

某天提摩里昂以亞馬遜女戰士的裝扮出門打獵。他也讓蘿絲蕾穿上相同風格的服裝，因為戴上假髮和帽子的蘿絲蕾太可愛了，他決定常讓她以男裝打扮亮相。

男裝打扮的蘿絲蕾一現身，大家都稱呼蘿絲蕾為伯爵先生或小伯爵，蘿絲蕾完美扮演著提摩里昂另一半的角色。後來提摩里昂將蘿絲蕾頭髮剪短，露出漂亮的頭型，更像俊俏的少年。

蘿絲蕾是女人但男裝打扮；提摩里昂是男人，卻以女裝亮相，一對奇特的情侶誕生了。提摩里昂總是開玩笑地稱呼蘿絲蕾為「我可愛的老公」。

可是，七個月後蘿絲蕾的身體有了變化。她變得沒有食欲，每天早上都噁心想吐，她懷孕了。如果繼續住在村裡，一定會成為醜聞，遭人議論，於是提摩里昂決定回到巴黎。

蘿絲蕾一想到被拋棄之後會無處可去，忍不住淚如雨下，然而提摩里昂沒有要拋下她的意思。提摩里昂將蘿絲蕾交給一位口風緊的產婆照顧，每天帶禮物探望她。蘿絲蕾平安生下一名女兒，非常用心地教養她，在十六歲時嫁給貴族。

生產後變得更加迷人的蘿絲蕾再度恢復男裝打扮。提摩里昂跟她去看劇團表演時，巧遇之前的行動劇團團長德洛塞。德洛塞看到蘿絲蕾相當開心，他本來就喜歡蘿絲蕾。

因為蘿絲蕾被提摩里昂搶走了，德洛塞解散了之前的行動劇團，到以前一直邀請他加入的巴黎勃艮第劇場工作。這次的見面重新燃起德洛塞對蘿絲蕾深藏已久的愛慕之火，蘿絲蕾好像對德洛塞也有意思。

德洛塞懇求提摩里昂，答應讓他與蘿絲蕾結婚。德洛塞說，他想獨自創業，如果蘿絲蕾願意的話，憑她的美貌和才華，一定能加入勃艮第劇場。

當天晚上，提摩里昂將德洛塞的懇求轉達給蘿絲蕾，他緊抱著她，哭著問她。

「妳想離開我了嗎？」

「我會照你的希望做。」

這份平淡的回答徹底傷了提摩里昂的心，他非常失望。最後決定讓蘿絲蕾跟德洛塞結婚，翌日晚上開始，就跟蘿絲蕾分房睡。

最後蘿絲蕾成功站上勃艮第劇場的舞台，贏得極大的喝采。她的結婚費用全是提摩里昂負責，還贈送堆積如山的禮物。

「蘿絲蕾嫁人以後，我變得只想自己的事；希望自己愈來愈美麗的想法日益激烈。」

從這句告白就能看出失去蘿絲蕾的悲痛有多麼深沉！提摩里昂好像在復仇般，為自己做了華麗的禮服，戴上許久未戴的耳環、豪華的蝴蝶結，還點了假痣。

這樣的他看起來就像是陷入熱戀中的女人。

愈來愈華麗的女裝

提摩里昂改名為桑西夫人，在聖馬爾索街買了一座毫宅。因為之前穿的耳洞已經塞住了，所以重新穿耳洞。

他戴上灑了許多髮香粉的假髮、耳環、點假痣、穿刺繡馬甲和金色和黑色相間的長罩衫。這次也是為了吸引周遭的目光，打扮得愈來愈華麗，也愈有女人味。

後來，為了讓人看見穿在裡面，銀線波紋刺繡圖案的棉背心，他將長罩衫的銀色鈕扣解開了三至四個。戴上鑽石耳環、長髮的假髮，讓耳環在髮絲間飄盪，還點了三至四顆的假痣。他真的很喜歡點假痣。

又過了一個月，他解開五至六個長袍下襬的鈕扣，讓裡面黑色的綢緞長罩衫外露。裡頭穿著將下襬往上提時，會若隱若現的大馬士革針織的白色睡袍，不再穿短褲。

提摩里昂讓身邊人在不知不覺中習慣他的穿著，慢慢花時間把自己打扮得更有女人味。他的計謀終於成功，連明明知道他是男人的人，也不知從何時開始稱呼他為夫人。

不可思議的是，教會也沒有對於提摩里昂打扮的變化發出微詞。教區委員甚至希望他能多參加祈禱活動，將點了火的蠟燭交給他，有一次還委託提摩里昂負責準備聖別禮拜的麵包。

準備聖別禮拜的麵包和募集捐款一向都是女性負責的工作，這份榮譽如今落在提摩里昂身上。

每當這時候，提摩里昂會更精心打扮。中國製的白色針織圖紋長罩衫外面再加一件有黑色蝴蝶結鑲飾的風衣，袖子也別了蝴蝶結，為了強調腰身，後面也綁了大蝴蝶結。

他就以如此華麗貴氣的打扮出現在因為好奇而前來參觀的人們面前，總是能募得比以往還多的捐款。

女裝的提摩里昂深受當地的人歡迎，不論走到哪裡都能颳起旋風。教區內有兩名女性因提摩里昂的關係也在互相比美。提摩里昂喜歡兩位當中名叫夏綠蒂的女孩。

夏綠蒂瞞著自己的嬸嬸，開始與提摩里昂交往。兩人連袂出席面具舞會時，提摩里昂將夏綠蒂扮成男人，還讓她戴假髮。那一晚夏綠蒂充當護花使者。

接下來兩人男女角色大逆轉，兩人在一起時，夏綠蒂總是男裝打扮，提摩里昂女裝打扮。提摩里昂還畫了兩人的肖像畫掛在房間，看過肖像畫的鄰居都會大聲歡呼，還說：「你們很速配，一定要結婚。」

夏綠蒂的嬸嬸不贊成兩人交往。不過，夏綠蒂很會灌迷湯，她告訴嬸嬸提摩里昂是有錢人，除了會送很多禮物給自己之外，將來說不定還會把財產分給她。

最後嬸嬸終於同意兩人舉行婚禮。夏綠蒂當鞣皮師傅的親戚全部參加了婚禮。提摩里昂把自己打扮得像新娘般，穿著銀色波紋花樣的長罩衫，還用橘色花束裝飾後腦。

在所有親戚面前，新郎摩魯尼先生（夏綠蒂）和新娘桑西夫人（提摩里昂）許下誓言結為夫妻，還交換戒指，並且親吻。

結婚典禮結束後舉辦了盛大的派對，所有親戚都收到提摩里昂送的禮物。終於，新婚初夜的時刻到來，親戚圍著兩人，獻上晚安之吻，並予以祝福。穿著美麗睡衣、戴著睡帽的桑西夫人與身穿男士居家服的摩魯尼先生並肩躺在床上，親戚向兩人打完招呼後回到各自的家中。

可能因為大家都知道喬伊西的真正身分，也因為他的龐大家產，儘管知道兩人角色錯亂，卻沒有人有怨言。

從那一刻開始，女裝的提摩里昂和男裝的夏綠蒂開始了角色錯亂的婚姻生活。這次喬伊西非常小心，絕對不讓夏綠蒂懷孕。萬一又遇到麻煩事，喬伊西就無法自由自在地享受男女角色逆轉的結婚遊戲。

領養貧窮少女，成為享樂工具

然而這段「角色互換」的婚姻並沒有維持很久。當提摩里昂帶著夏綠蒂和她的嬸嬸欣賞話劇表演時，大家一直盯著他們看。搭乘馬車時，也會有好幾十人圍過來奚落他們。

剛開始提摩里昂視若無睹，但最後實在忍不住了，不再去看話劇，整天都待在家裡不出門。

即使閉門在家，仍然謠言四起，聖梅達教堂的祭司捎來了忠告，也收到匿名的責難信。

不僅提摩里昂不悅，夏綠蒂的內心也感到慌亂。其他男性知道夏綠蒂是女人，還向她求婚。某位木雕業者願意拿出十萬法郎以上，要求夏綠蒂嫁給自己。

嬸嬸似乎也察覺到兩人真正的關係，認為不能再持續下去了，決定想辦法讓她跟其他男人結婚。

「我同意她跟其他男人結婚，也送了好多禮物，並將她寫給我的信全數歸還。」

提摩里昂的信是這麼寫的。這次也一樣，一聽到「結婚」兩個字，愛情立刻冷卻。

「結婚典禮後，我不會再跟她見面。因為我無法接受已婚的女人。我現在心情糟透了。」

雖然提摩里昂這麼說，依舊重蹈覆轍，每次戀愛的結局都一樣。因為領養貧困女孩，並教育她們成為自己的享樂工具正是他的嗜好。

鍾情於美少女

失去夏綠蒂的提摩里昂又找到下一個目標，她是在裁縫店工作的十五歲少女芭蓓。提摩里昂去店裡訂製內衣時，被這位美少女迷住了。

幾天後做好的內衣送到了家中，提摩里昂開門一看，送貨人竟是那名少女。裁縫店老闆娘杜里耶夫人早就發現提摩里昂喜歡芭蓓，才會派她送內衣。

「好可愛的姑娘，請進，我要送妳一個吻。」

提摩里昂坐在床邊要求芭蓓坐到身邊，芭蓓很有禮貌地打了招呼，再慢慢走過去，噘起櫻桃般的可愛嘴唇。

接下來的過程就跟以前一樣。這次提摩里昂為了幫芭蓓贖身，付給杜里耶夫人四百法郎。

翌日，芭蓓整理好行李，在杜里耶夫人的帶領下到了提摩里昂的家。提摩里昂把在家裡做事的婦人叫來，如此吩咐她：

「僱用這女孩當幫傭前，我想知道她有沒有什麼問題，妳給她做個全身檢查吧！」

就像在檢查馬之類的家畜，幫傭婦人把芭蓓脫到一絲不掛。在一旁看著的提摩里昂忍不住嘆了一口氣，因為他不曾見過如此完美的軀體，纖細修長的四肢、水蛇腰身、剛開始發育的白皙雙峰。

婦人一邊為芭蓓換上睡衣，一邊傻笑地說：「再過兩年，一定能成為巴黎第一美人。」

提摩里昂命令芭蓓躺到床上，然後急急忙忙做好準備朝寢室走去。他已經按捺不住想趕快擁芭蓓入懷的心情。

提摩里昂鑽進床舖裡，因為太開心而全身顫抖，他將芭蓓的雙腳伸直，開始親吻她。然後激動地愛撫芭蓓的大腿股間。剛開始芭蓓的身體很僵硬，之後愈來愈大膽奔放，竟然變成提摩里昂要求休息一下。

展示作品的喜悅

提摩里昂完全被芭蓓迷住了。這次他沒有幫芭蓓做男裝打扮，而是把她裝成貴婦，只要出門一定帶她隨行。提摩里昂送給芭蓓更多禮物，從漂亮的禮服到內衣，甚至高價珠寶，全都不手軟。

他讓芭蓓在頭髮上戴了蝴蝶結、鑽石耳環，並在臉上點了他最擅長的七至八顆假痣。如此一來，完全無法把芭蓓當傭人使喚，而且為了有人照顧芭蓓，只好另外再聘請一位小幫傭。

後來他根據芭蓓的姓開始稱呼她為丹尼小姐。大受歡迎的丹尼小姐簡直開心得不得了，對提摩里昂來說，芭蓓開心等於是她向自己表達了最高的謝意與愛意。

因為芭蓓，提摩里昂得以重拾之前的生活，他每天都邀請鄰居來家裡共進晚餐。其中好像也有人是為了見丹尼小姐一面而來。

當傭人通知晚膳準備完成，邀請大家上座時，所有的人都會異口同聲地說：「可以邀請丹尼小姐過來嗎？」大家這麼說完沒多久，芭蓓就從樓梯走下來，確實如提摩里昂所言，美得像天使般。

芭蓓穿著銀色波紋圖案的裙子和斗篷，頭上別著緋紅色蝴蝶結，敞開的胸前沒有佩戴任何項鍊。不戴項鍊是為了強調她那特別美麗的胸型。為了這一刻，提摩里昂會事前吩咐芭蓓戴上耳環，並點了十五至十六顆假痣！

「哇，怎麼這麼可愛！」四周不斷傳來讚美聲，在歡樂氣氛下大家和樂地享用晚宴。之後其中一位客人從懷裡取出八個裹滿砂糖的杏仁糕點，要求丹尼小姐發送給在場的每個人。

丹尼小姐將糕點發給每個人後，她會說請剝開糕點。每個人都剝開發現裡面夾著一張紙，上面寫著「我什麼都不愛」、「我喜歡美酒」等字句。

偶然地，丹尼小姐拿到的紙竟寫著：「妳的心將獻給誰呢？」

丹尼小姐驚呼說：「討厭，我的心早就獻給某人了。」大家問某人是誰啊？丹尼小姐什麼話都不說，只是柔情無限地望著提摩里昂。這樣的她實在太惹人憐愛了，提摩里昂忍不住把她拉過來，親吻她的嘴唇。

「我也跟妳一樣，可愛的孩子，我的心早就是妳的了。」

看在我們的眼裡會覺得這樣的愛的表現太過火，但對當時的人們而言，不過是一場同性之間的愛戀罷了。

後來，丹尼小姐遵照提摩里昂的指示穿過候客室，鑽進寢室裡提摩里昂的床。

深夜，大家起身向提摩里昂告辭準備回家。途中魯里爾夫人經過床邊，發現丹尼小姐在睡覺，想看她的睡相，就用蠟燭照著她。

芭蓓抬起上半身坐在床上，雖然戴著緋紅色睡帽，穿了蕾絲睡衣，但大開領的領口讓雙峰完全裸露。只見兩顆白皙的蘋果中央挺著一朵薔薇花苞。

在白皙肌膚的襯托下，胸前的大圓痣更加醒目。大家輪流進來參觀，也分別與她親吻才離開提摩里昂的家。

提摩里昂領養了美麗而貧窮的女孩，送給她們華服、內衣和美麗珠寶，將女孩大改造，然後再將自己打造的美麗作品公諸於世，他非常享受這些過程。這就是他的嗜好，也就是生存意義。

不過，後來提摩里昂還是跟丹尼小姐分手，回到盧森堡宮殿，因為沉迷於賭博，他幾乎將所有財產賠進去。曾經一場遊戲就失去將近兩億日圓，一六七六年賣掉聖塞納修道院，一六九〇年賣了聖貝諾伊特修道院。

欠下大筆債務的提摩里昂病倒了，徘徊在生死關頭，歷經瀕死經驗，這些磨難開啟了他的信仰念頭。

他開始反省之前的生活，決定往後的人生依神而活。一六八五年，他以勸導暹羅國王改信宗教的派遣團成員身分，體驗了一場艱辛的暹羅之旅。

在他病倒、改頭換面的三十年期間，雖然不再引誘少女，還是改不掉以女裝扮相出門的習癖，他雖然是修道士，卻繼續過著浪蕩快活的生活，導致大家議論紛紛，懷疑他並不是真的悔改。

不論如何，放蕩背德的生活完全一百八十度轉變，提摩里昂開始過著學者般的生活。一六八七年，他的寫作生涯達到最高峰。陸續撰寫了《大衛王的一生及其詩篇解義》、《暹羅王國見聞錄》、《所羅門王的一生》等作品，還因為頗獲好評，讓提摩里昂被推舉為法蘭西學院的會員。

之後陸續撰寫並發行《基督教徒的思想》、《菲利普．瓦羅亞與約翰二世的歷史》、《聖路易的一生》、《查理五世的歷史》、《查理六世的歷史》、《教會史》等書。

這段期間的經濟狀況變得更加艱辛，他只好躲在朋友家中，還曾經多次失蹤。《女裝冒險故事》就是在那段時間完成的作品。提摩里昂撰寫巨著《教會史》的同時，還毫無羞愧之心地寫了《女裝冒險故事》，讓不少人懷疑他的信仰。

提摩里昂在一七二四年離世，享年八十歲。他的朋友達爾傑森侯爵如此描述他：「他雖然稱不上偉大人物，他雖然心靈脆弱，行為不夠端正，在意別人對他的看法。即便如此，他還是成為學會會員，在社交界也贏得高度名聲，因為他的作品真的有趣又吸引人。」

世紀英雄其實是受虐狂？——阿拉伯的勞倫斯

勞倫斯的性生活

導演大衛・連（David Lean）執導的電影《阿拉伯的勞倫斯》主角就是傳說中相當出名的英雄勞倫斯。本單元一開始先簡單介紹勞倫斯軍事方面的事蹟。

第一次世界大戰期間，勞倫斯任職於英國陸軍參謀本部，一九一六年前往屬於阿拉伯軍方的開羅。當時因土耳其高壓統制，深受其苦的阿拉伯地區正悄悄進行反土耳其政府的叛亂計畫。

勞倫斯同情阿拉伯民族，決定與反叛軍首領費薩爾王子合作，一起抵抗土耳其政府，因為土耳其軍隊的軍力相當優異，遠在反叛軍之上，勞倫斯提議採取游擊戰。

突襲作戰方式終於成功攻下在土耳其軍隊統治下，有久攻不破之稱的亞喀巴港。為阿拉伯獨立之路開啟大門的傳說英雄「阿拉伯的勞倫斯」就這樣誕生了。

以「阿拉伯的勞倫斯」聞名的英國軍人、考古學家。一九三五年，因機車事故身亡。關於他的真實面貌，有著許多謎題。（©PPS）

不過，這位創下輝煌事蹟、表面風光的英雄，其性生活卻有著讓人難以想像的私密面。

為何你的肌膚如此白皙美麗？

對勞倫斯感興趣的人應該知道，在他的著作《智慧七柱》中，敘述他在一九一七年十一月二十日於大馬士革南方德拉亞地區遭土耳其軍官逮捕時，因拒絕男同志的性愛要求，慘遭鞭刑。

在此將內容簡約整理一下：

他打量著我，叫我站起來，向後倒。我照著他的話做，結果整個人仰躺在床上，我整個身體被他拉到他的雙手懷抱中。我馬上知道他想幹麼，我拚命扭動身體站了起來，我知道自己的力氣不輸他，感覺很開心。

他對我說：「你的肌膚怎麼如此白皙迷人？手和腳也完美無瑕，我想擁有你。如果你愛上我，我會讓你不用接受訓練，還為你免除勞務，就讓你當傳令兵。」

可是，我拒絕了，他馬上臉色大變，以嚴厲語氣命令我脫下褲子。當我猶豫不決時，他走過來抓著我，把我推倒。他拍拍手叫了哨兵過來，哨兵馬上跑過來用手壓著我。

貝伊長官恐嚇我，用髒話罵我，將我身上的衣服一件件撕破，最後把我弄得一絲不掛。

他雙眼發亮，踏著沉重腳步朝我走過來，粗魯地觸碰我的身體。我強忍他對我的羞辱，因為他整個人變得像野獸般，我忍不住用膝蓋踢了他。

那位哨兵大聲呼叫伍長和三名護衛兵過來，緊緊壓住我。長官對著已經無法動彈的我吐口水，並叫我謝罪。他脫下拖鞋，拿拖鞋毆打我的臉，還咬了我往前彎下的脖子，血流出來了。然後，他跟我接吻。

「如果你聽話，我會讓你快樂無比。」

我拒絕。他笑了，命令伍長在我懇求回到長官身邊前，要不斷教育我。

他們把我踢到樓梯口，將我丟進護衛兵專用的板凳裡，讓我趴躺著，開始揍我。

伍長走下階梯，手裡拿著一根馬戲團用的騎馬鞭，朝我走回來。騎馬鞭是黑色柔軟真皮繩紮成一束的鞭子，銀線捲成的握把部分有大拇指那麼粗，突出的尖端部分比鉛筆還細。

伍長望著全身發抖的我，拿起鞭子朝我頭的上方揮過，他以嘲諷的語氣說，鞭打十次就會哭著求饒，第二十下就會哀求貝伊的愛撫。當他以像發燙鐵絲捲的騎馬鞭開始使勁鞭打時，我咬牙忍耐著肉體的痛楚。

每鞭打一下，身上的皮膚就會出現宛若線路般的白色抓痕，然後變成鮮紅色突起於皮膚表面，在兩條田埂交接的地方會長出血豆。因為持續遭受鞭刑，鞭子不斷打在剛出現抓痕的地方，後來滲出黑色血液。愈來愈沉重的痛苦，加上對於下一次鞭打即將降臨的恐懼感，我的身體一直在發抖。

（略）

我真的受不了了，他們看到我這樣子，好像心滿意足。不知道什麼時候，他們把我從板凳弄下來，我發現自己仰躺在髒污的地板上，身體縮成一團，整個頭發暈，還一直氣喘，隱約中卻感到一絲快感。

我記得伍長用他裝了鉚釘的長靴踢我，打算讓我站起來。我記得自己很不檢點地取笑了他，可能是因為當時有一股充滿性欲的甜美溫馨遊走全身的關係吧。

我也記得他後來舉起雙手用鞭子一直鞭打我的大腿根部。我幾近痙攣地想尖聲大叫卻發不出聲音，只是嘴唇不斷地發抖。

對於拷問回憶特別深刻的理由

引用的內容似乎偏長了，不過大家可以好好想想，勞倫斯將他接受拷問的過程描述得如此詳細，究竟有何意圖？還有，他為什麼如此直白地告訴大家，這場拷問讓他有種被虐的快感？

因為拷問，自己變得比動物還不如。可是，他並不厭惡，反而產生快感，讓他察覺到自己竟有這般「奇特又羞恥」的嗜好。關於這件事，他有了罪惡感，也討厭自己。

在勞倫斯的自傳《智慧七柱》中，描述自己並未屈服於對方的同性求愛。然而，他後來與親密好友、作家蕭伯納的妻子夏綠蒂書信往來，在日期為一九二四年三月二十六日的信中，他如此寫道：

我實在不該告訴妳那天晚上的事吧？（略）我害怕受傷害，在我痛苦到快發狂的時候，曾有五分鐘猶豫是否該求饒，為了我們出生時所帶來的唯一熱情──我放棄了我們肉體的完整性。那是無法原諒的事，而且一切也不可能再重來。

（摘自《阿拉伯勞倫斯的祕密》〔奈特利等人著〕）

最後勞倫斯終於屈服於貝伊的欲望中嗎？

「阿拉伯的勞倫斯」是同性戀的傳說

以上是關於「阿拉伯的勞倫斯是受虐狂的傳說」介紹，接下來介紹「阿拉伯的勞倫斯是同性戀者的傳說」。

根據奈特利及辛普森合著的《阿拉伯勞倫斯的祕密》所提，在巴黎和平會議那天晚上，與勞倫斯相當親密的某位外務省職員問他：「到底你在阿拉伯想做的事是什麼？」

接下來更讓人驚訝的是，翌晨勞倫斯拿著寫滿三張信紙的信交給這位職員，並請求他等自己死後才能公開信的內容。

在信中，勞倫斯將自己參加阿拉伯戰爭的動機分類為「個人意願、熱愛祖國、求知的好奇心、野心」四方面，關於個人動機他是這麼寫的：

我愛上了一個阿拉伯人，我認為自由是送給阿拉伯民族最好的禮物。可是，占領大馬士革的時候，我才知道那個人在幾個星期前過世了。因此，我的禮物根本送不出去，這件事與我之後的行動完全無關。

最後他寫道：

當你看到這裡時，希望你全部燒掉。這些事我從未告訴任何人，也不會再說第二次。將自己赤裸裸地告白並不是一件痛快的事。

勞倫斯愛的那個人，讓勞倫斯想將民族自由當禮物送給他的那位阿拉伯人，到底是誰呢？

其實在勞倫斯的自傳《智慧七柱》中，他為了一位名叫「S・A」的人寫了詩：

我愛你，因此我將這如潮的人流拉進手中，
在繁星閃爍的天空下寫下我的心願，
為了將自由獻給你——那座七柱智慧之屋，
你的眼睛將為我而閃耀。
當我到訪時，死神宛若我征途中的僕人。最後當我試著走近你時，
你已經在等待我了。
當你微笑時，哀怨嫉妒的「死亡」
追過了我，還抓了你，把你拉走，
將你帶入他那寂靜無聲的世界裡。
「愛」是一場勞累的旅程，悄悄地摸索尋找你的軀殼，

這是我們微薄的報酬，卻只有片刻。
在大地以她那柔軟的手摸索著你的容顏，盲目的蛆藉著你的肉體長胖之前，
暫時是我們的。
人們向我提出請求，
要求我完成我們的大業，建造那座神聖之館，當作對你的緬懷。
但我為了建造適合你的紀念碑，將未完成的建築打碎。
而現在，那些小碎屑為了建造一座陋屋，紛紛匍匐聚集在一起，
就在你送給我的破碎陰影之中。

對於詩人格雷夫斯的提問，勞倫斯回答：「我可能愛上了S．A。」格雷夫斯又問他S．A是誰，他回答：「在那場阿拉伯的冒險之旅中，一位不該出現在那樣場合中的人。」

S．A到底是誰可說是眾說紛紜。格雷夫斯是勞倫斯的老友之一，書中寫著格雷夫斯這麼說：「S．A是大戰前與勞倫斯發誓結拜為兄弟的阿拉伯人，名字是達霍姆。」目前以這個說法最有力。

美少年與勞倫斯

達霍姆到底是誰？其實他就是在大戰爆發前的幾年間，在勞倫斯的人生中占有極大分量的人物。

一九一一年至一九一三年左右，初抵迦基米施的勞倫斯在達霍姆的陪伴下走遍中東地區。

當時的達霍姆有著一雙圓滾滾的眼睛，膚色白皙、身材瘦挺，是一位相當耀眼的美少年。勞倫斯與達霍姆初次邂逅時，他才十四歲，雖然是個文盲，沒有讀寫能力，卻相當敏捷聰明，勞倫斯每天早上會跟他學習阿拉伯語一個小時。

兩人才剛認識就變成一對極為親密的好朋友，據說周遭的阿拉伯人都以驚訝的眼光看待兩人的關係。兩人都擅長游泳、騎馬和射擊，有許多共同點。

達霍姆很聰明，只要勞倫斯教過一次，他馬上記得拍照和沖刷照片的技巧。他也跟著勞倫斯讀書、寫字。少年記性好，學習速度快，達霍姆眼神中知性的光輝愈來愈耀眼。

達霍姆原本只是一名雜工，很快就升格為勞倫斯的技術助理。最後兩個人還住在同一間宿舍，同起共眠，據說勞倫斯曾在石灰岩的天井雕刻了裸體的達霍姆肖像。

兩人總是一副相親相愛的模樣，後來曾有人問達霍姆，為何會喜歡勞倫斯，他如此回答：

「為什麼我會喜歡那個人呢？我想應該沒有人會討厭他吧。他是我的兄弟、朋友、長官。那個人無所不能，我們能做的事他都能做。不，應該說他做得比我們好。他總是誠心為我著想，希望我幸福。因為他愛我，所以我也愛他。為了他，就算付出生命也無怨無悔。」

當達霍姆感染瘧疾時，勞倫斯在他身旁不眠不休地照顧他，好幾次達霍姆尚未康復卻想起身外出，勞倫斯都強硬地要他再躺回床上。

一九一三年夏天，勞倫斯取得休假計畫回國，他帶著達霍姆同行一起到英國，給予優渥的款待，在艾須莫林博物館為達霍姆畫肖像畫。

一九一六年初期，因為土耳其人的關係，達霍姆居住地區的多數男子被迫移居君士坦丁堡。達霍姆也因此失去下落，勞倫斯便派人打探他的消息。

其實波德林圖書館所收藏的勞倫斯相關文案資料中，有一本羅伯特．梵西塔爾特的著作《歌唱的商隊》，在該書卷尾的空白處發現勞倫斯使用鉛筆寫下了如下的注記：

為了讓他那悲傷的雙眸展現光芒，我為他創造了自由。可是，在我焦急等待成果到來之時，他卻已經撒手西歸。所以我放棄了自己的禮物，現在的我不論身處何處，都無法再感到安息與和平。

記於飛往巴黎與里約之間的大型飛機上

（摘錄自奈特利等人合著的《阿拉伯勞倫斯的祕密》）

《阿拉伯勞倫斯的祕密》作者奈特利和辛普森認為這份注記是勞倫斯致S．A詩詞的初稿，並由內容推估勞倫斯在大馬士革旅行時，打算跟達霍姆見面，但是那時候達霍姆可能已經因感染斑疹傷寒而病逝，或在鬼門關前徘徊。

根據叛亂後期於勞倫斯身邊工作的英國人槍手湯姆．博蒙特的證詞，判亂期間達霍姆一直尾隨在土耳其軍隊之後，他為了勞倫斯從事間諜工作。

據博蒙特所言，沙林（達霍姆的本名是沙林．艾哈邁德）膚色白皙，會說一點英語和土耳其語，擅長攝影和算數。他不是軍人，而是勞倫斯的私人助理，與勞倫斯非常要好。

因為勞倫斯給了沙林金錢和指令，沙林潛入土耳其軍隊戰線時，還曾派遣使者深入陣營打探消息。據說使者會觀察土耳其軍隊的動靜，回報消息。

博蒙特說，勞倫斯與阿拉伯人開會當時沒人知道土耳其軍隊的情況，但勞倫斯卻在會議中提及。後來證實勞倫斯當時所言正確無誤，阿拉伯人之間便傳了這樣的謠言：「為什麼勞倫斯會知道那些消息？難道是阿拉告訴他的嗎？」

一九一八年左右，勞倫斯與博蒙特等一行人抵達烏穆泰耶時，勞倫斯為了去見沙林脫隊好幾天。勞倫斯回來時，博蒙特問他沙林怎麼了，他一臉沉重悲傷地說：「一切都結束了，他感染斑疹傷寒，死了。」

博蒙特說那時候勞倫斯把頭轉過去，用頭巾蓋住頭啜泣地喃喃自語：「我是那麼愛那個孩子啊……」

致S．A的詩詞中，勞倫斯寫道：「如今的我不論身在何處，都無法再感到安寧與和平。」可能因為沙林已死，勞倫斯才會有如此感觸吧？

自己在叛亂期間讓好友達霍姆擔任密使，收集情報，卻因此導致他喪命犧牲，勞倫斯一定相當自責。勞倫斯在阿拉伯戰區表現得如此優異，或許是想要彌補達霍姆之死的遺憾，想將如此輝煌的戰績獻給達霍姆吧？在勞倫斯的戰後人生中，他對達霍姆的這段回憶應該已經成為永遠烙印於心海深處，揮之不去的陰影⋯⋯

奈特利和辛普森在其合著作品如此主張，他們推測即使戰爭結束了，勞倫斯依舊無法從達霍姆死亡的衝擊中走出來，他後來僱用某青年為助理的決定也讓人百思不解，或許因為他期望自己與達霍姆的關係能再重來吧？

百思不解投入空軍的理由

第一次世界大戰結束後，回到英國的勞倫斯最讓人不解的行動之一就是他突然希望能夠加入英國空軍（以士兵身分加入）。

當時的他已經完成自傳《智慧七柱》的大部分內容，還以英雄勞倫斯的頭銜在媒體引起騷動，可以算是相當有知名度的紅人，他的這個想法讓身邊的人大受衝擊。

勞倫斯就是這樣的謎樣人物，在他死後，竟然有更讓人震驚的事浮出檯面。那就是他與一位名叫布魯斯的蘇格蘭青年之間的微妙情誼。兩人的關係從認識到勞倫斯死前，一共維持了十三年。

若不是一九六八年的《週日泰晤士報》的報導，勞倫斯與布魯斯的關係將永遠不見天日。據布魯斯所言，因為與勞倫斯的晚年密友蕭伯納夫人及勞倫斯的顧問律師艾利奧特有約定——「勞倫斯高堂在世之時，絕對不能提及與勞倫斯有關的事情。」所以才會保密這麼久。

一九六八年，被貧窮逼得喘不過氣的布魯斯終於決定公開他與勞倫斯的回憶錄。他很驕傲能與「那個時代最偉大的人物」勞倫斯成為好朋友，還強調他的所作所為拯救了陷於人生危機中的勞倫斯。

到底布魯斯幫了什麼忙？其實他後來說了讓人無法置信的奇怪言論，到底該信還是不信就由讀者您自行決定吧。

聽從老人言，對聖經發誓

布魯斯說，一九一二年在他的家庭醫師奧古斯頓博士友人莫瑞先生家中與勞倫斯初次見面。當時布魯斯正在找工作，幾天後接到奧古斯頓博士的電話，告知勞倫斯想提供工作機會給自己的好消息。

布魯斯抵達約定的地點，勞倫斯對他說：「我正在找像你這樣年輕強健，能夠確實遵守對於私人問題一律保密，且對我要求的工作能毫不遲疑，立刻付諸行動的人。」

前面提過，當時勞倫斯希望以無名士兵的身分，加入英國空軍，可是邱吉爾不希望勞倫斯離開殖民署，幾次拒絕了勞倫斯的離職申請，讓勞倫斯願望難成。因為當時勞倫斯告訴布魯斯的故事內容太震驚，讓布魯斯迄今對細節仍記憶猶新。

勞倫斯提到了他的家庭背景，他說很擔心父系家族的某位耆老可能會將他是私生子的事公開。如果事情成真，擔心母親會大受打擊。勞倫斯的父親是愛爾蘭裔準男爵候選人家族的兒子，愛上了小他十五歲的女家庭教師，兩人私奔生下五個孩子，勞倫斯排行老二，但因為元配不肯離婚，五個孩子在法律上都是私生子。

當時勞倫斯必須貸款大筆金額，金融業者提出兩個條件。要求勞倫斯以他作品的著作權為擔保，同時要再找一位保證人。

勞倫斯的父親於一九一九年過世，父親的大半部分遺產由這位親戚耆老繼承。剛開始這位老人同意擔任貸款保證，卻臨陣退縮，還罵勞倫斯是私生子，是家族的羞辱。

老人說：「勞倫斯向銀行貸款是騙人的，他是向朋友借錢，如果沒有馬上還錢就要上法院，又會再度讓家族蒙羞。」

據說老人逼勞倫斯做出選擇，「被放逐至某處？或以士兵身分加入軍隊？」「我以《智慧七柱》出版時拿到的版稅為還款條件，因而借到許多錢。為了盡早還清，只能接受老人開出的條件。沒照他的話做，他就會將我的身世祕密公諸於世，我擔心母親會受到打擊。」

「我對著聖經發誓，不管老人說什麼，我都會照做，今後一定聽從他的指示。只要《智慧七柱》在兩年內完成，就能還錢，也能從軍隊退伍。」

據勞倫斯說，老人提出的要求讓人無法置信，老人要求用樺木鞭鞭打他。勞倫斯拿出一封聲稱是老人給的，沒有任何署名的印刷信給布魯斯看。信上寫著：「使用以最速件送至附近鐵路車站的樺木鞭，執行刑罰。」每鞭打一下，布魯斯就要記下勞倫斯的反應，還要將這份報告書交給老人。

任何人聽到這樣的事都會覺得荒誕，但布魯斯卻輕易地相信了，也怪不得大家會批判他。可是，當時布魯斯只有十九歲，在他眼裡勞倫斯可是一位聞名全球的菁英人士。想想這些原因，布魯斯當時之所以沒有起疑且信以為真，也是理所當然。

穿著褲子趴在床上

總之布魯斯對勞倫斯所言完全不疑有他。他答應勞倫斯的請求，當天午後將樺木鞭紮成一束，鞭打了勞倫斯。

布魯斯說，當時勞倫斯穿著褲子趴在床上，鞭打時完全沒有痛苦呻吟。後來勞倫斯拜訪那位老人時，老人說這樣的懲罰不夠，要勞倫斯脫下褲子接受鞭刑。

所以只好再一次執行鞭刑，布魯斯在勞倫斯背部蓋上一條毯子，只露出屁股部分，一共鞭打十三下。木鞭樹枝插進皮膚裡，血管破裂滲出血，但是勞倫斯仍是安靜地趴著，身體一動也不動，一直咬牙忍耐。

後來，勞倫斯如願以士兵身分加入英國空軍。每天就在簡樸的軍中宿舍生活，接受嚴苛的訓練，不過這樣的生活只是暫時的，長官陸續發現他的真正身分。一九二二年十二月二十七日的英國小報《每日快報》刊登「勞倫斯成為一般士兵」的報導，讓勞倫斯身分曝光，結果被空軍解任，各報媒體追殺採訪。

雖然布魯斯不知道詳情，但他很擔心生理及心理都處於不安定狀態的勞倫斯，於是決定離開亞伯丁到倫敦，一邊在夜間俱樂部打工，一邊等待與勞倫斯見面的機會。

這時候布魯斯再度與窮途末路的勞倫斯重逢，他的心好痛。當時勞倫斯告訴布魯斯，這次接受了那位「老人」的嚴格命令，打算加入戰車兵團。然而事實上勞倫斯正在努力尋找可以回歸英國空軍的方法。

布魯斯一心希望能解救陷入困境中的勞倫斯，他也決定要陪同勞倫斯加入戰車兵團。勞倫斯使用T．E．蕭的假名潛入戰車兵團，同時布魯斯也入隊，駐守在勞倫斯所在的波溫頓基地戰車兵團本部的衛兵所。

可是一九二五年布魯斯突然被勒令除隊。他為了遵守在勞倫斯完成《智慧七柱》之前都要待在波溫頓的約定，在距離雲丘車程一小時之遠的伯恩茅斯的某間汽車工作室工作。

其實這時候布魯斯已經發現在勞倫斯雙腳膝蓋上方有著鞭打的傷痕。他問勞倫斯，勞倫斯紅著臉回答被那位老人僱用的人鞭打。由此推測，除了布魯斯，勞倫斯可能還接受了其他人的鞭刑。

不是為了追求性愉悅的鞭打

雖然布魯斯不知道，但那時候勞倫斯仍繼續為了能歸隊空軍而奔走。

在戰車兵團服役二十一個月後，一九二五年下半年時，勞倫斯再度遭遇情緒危機，布魯斯說當時勞倫斯曾想要自殺。

有一天布魯斯到山中小屋探望勞倫斯，他清楚記得那天勞倫斯告訴他，之前拜訪那位老人時受了鞭刑，此時的勞倫斯精神上看起來病得很嚴重。

布魯斯發現房裡有一把裝了子彈的左輪手槍，感到情況不對勁，便偷偷取出手槍的子彈。當天晚上布魯斯聽到寂靜的夜裡傳來喀嚓的聲響，不久看見勞倫斯手裡拿著手槍，朝他走過來，布魯斯問他在找什麼東西，勞倫斯一臉曖昧地搖著頭。

布魯斯拿出子彈，對勞倫斯說：「你在找這個吧？」勞倫斯語氣嚴厲地說：「還給我！」兩人還扭打了一陣。布魯斯使盡力氣抓著勞倫斯的手敲牆，最後勞倫斯手上的槍掉落，像孩子般哭了起來。

一九二五年七月，勞倫斯終於獲准離開戰車兵團。布魯斯這個角色在這時候畫下句點也是理所當然。可是布魯斯說，直到一九二六年勞倫斯至印度任職前，兩人偶爾還會碰面。

勞倫斯遭遇過最殘酷的鞭刑是在一九三〇年，在他與布魯斯曾一起待過的亞伯丁附近的科里斯頓接受了這場鞭刑。兩人應老人的要求在科里斯頓租了一間山中小屋，借來三匹馬，還僱用一位名叫吉米·尼克遜的馬伕。

在小屋避暑了幾天後，那位老人送的鞭子終於抵達。當時馬伕尼克遜成了證人，執行了一場極為殘酷的鞭刑。聽說尼克遜中途覺得殘忍噁心，從小屋跑出去。

布魯斯如此寫道：

之後直到勞倫斯去世的一九三五年之間，我和他分別在伯斯、愛丁堡、倫敦、亞伯丁等地見過六、七次面。（略）關於我個人與勞倫斯之間的關係就這樣結束了。後來因為蕭伯納夫人讓這件事再重見天日，一九三五年七月，我在某間律師事務所收到了蕭伯納夫人想跟我見面的消息，我想夫人應該知道鞭刑

的事。總之，當時我們只聊我跟勞倫斯的事。夫人對我說，只有我們知道勞倫斯的祕密，一定要維持勞倫斯的聲譽。（略）

我說，如果他們擔心勞倫斯母親的話，我會以我的名譽發誓，在勞倫斯母親有生之年，絕對不公開這些祕密。（引用自奈特利等人合著的《阿拉伯勞倫斯的祕密》）

再回到之前的話題，當布魯斯在《週日泰晤士報》公開他與勞倫斯的關係時，對於他的說詞進行了調查，並證實以下的事。

勞倫斯被英國空軍除役，加入戰車兵團，從此就跟布魯斯在一起，勞倫斯還為布魯斯的兒子取名，當了乾爹；勞倫斯將版稅收入全部信託，因為布魯斯太太提出要求，布魯斯每年要支付四英鎊養育費給兒子，這筆金額就從已經信託的勞倫斯部分資產支付；勞倫斯將英國空軍軍餉衍生的微薄利息，用來支付布魯斯母親瑪麗夫人的生活費。

布魯斯所說的，與勞倫斯一起居住的地方及日期，證實正確無誤。

據布魯斯所言，他認識勞倫斯時，勞倫斯三十四歲，他十九歲，兩人的關係就這樣斷斷續續維持了十三年。

總之，雖然有好幾項關於鞭刑事實的證據，布魯斯所言也只能相信一半。各位讀者是如何想的呢？

奈特利及辛普森認為，就某個層面來看，勞倫斯與布魯斯的關係猶如勞倫斯與達霍姆情誼的再生。換言之，布魯斯跟達霍姆一樣都很年輕，也是社會低階人士，個性單純又堅強，跟這樣的布魯斯結為朋友，等於以前與深愛的達霍姆共度的幸福日子再次重現。

因為勞倫斯對達霍姆之死深感罪惡，基於贖罪心理，才會要求布魯斯鞭打自己。對勞倫斯而言，鞭刑並不是為了追求單純的性高潮，而是懲罰，為已逝的達霍姆服喪，讓自己從懊惱深淵中解放的一種儀式。我個人認為奈特利及辛普森的這番解說相當耐人尋味。

幼年時期種下的受虐狂之苗

許多人都說勞倫斯會成為受虐狂的種苗在幼年時期就播下了。

他的父親湯瑪士・羅伯特・查普曼是出身愛爾蘭的貴族，他與女兒的家庭教師塞亞拉・勞倫斯有了不倫之戀。他想跟元配離婚，和塞亞拉一起生活，但是元配不願離婚，最後湯瑪士只好帶著塞亞拉和孩子私奔。

勞倫斯是湯瑪士和塞亞拉的小孩，於一八八八年出生，然而事實上他只能算是湯瑪士的私生子，自少年時期勞倫斯就意識到自己是在複雜的環境下長大。而且，母親一直因為自己是不倫對象感到自卑，對孩子異常嚴厲，聽說經常鞭打孩子。

關於勞倫斯在德拉亞遭遇的強姦事件，最後介紹一個讓人震驚的事實。這個強姦事件可能是勞倫斯自己一手捏造的。

根據英國《週日泰晤士報》的報導，在二〇〇六年時，《縱火沙漠：T・E・勞倫斯和英國在阿拉伯半島的祕密戰爭，一九一六—一九一八》一書的作者詹姆士・巴爾（James Barr）提出上述說法。

勞倫斯的日記中，發生德拉亞事件的一九一七年十一月二十日記事部分毀損了。巴爾透過「靜電資料分析」技術，查出撕破的那一頁的記事內容是於十一月十八日，在距離德拉亞東南方有六十英里之遠的阿茲拉克宮殿寫的。

巴爾又說，從日期標記為一九一七年十一月十四日勞倫斯寫給母親的信函看來，當天他不在德拉亞。因為在阿茲拉克宮殿寫給母親的信函中，勞倫斯寫著：

「我預訂在此地停留數日。」

理想夫妻的異常行為——哈羅德&薇塔

才子與才女

接下來介紹的這對夫妻，丈夫哈羅德．尼克遜（Harold Nicolson）是位優秀外交官，曾出席第一次世界大戰後的巴黎和平會議及洛桑會議。哈羅德辭去外交官工作後成為下議院議員，並得到邱吉爾的厚愛，第二次世界大戰期間被任命為海軍次官。戰後以政治外交問題的時事評論員身分活躍於電台節目。還以詩人拜隆、維蘭尼、聖伯夫、強森等傳記作家筆名享譽文壇，其中一本著作《喬治五世》的日文譯本，被已故小泉信三先生選為教導皇太子帝王學的教科書。

哈羅德的妻子薇塔．塞克維爾．韋斯特（Vita Sackville West）出身於英國首屈一指的知名貴族家中，撰寫了超過五十本小說、詩集及傳記，其中好幾本都是暢銷書。對文學的貢獻卓著，一九四五年獲頒英國皇家榮譽勳爵的封號。

夫妻二人都是知名園藝設計師，兩人共同建造的西辛赫斯特城堡被譽為全英國最美麗的城堡。自從英國國民信託組織管轄之後，開放給一般民眾參觀，據說目前參觀人數已達二十萬人，相當受歡迎。

從外表看來，兩人就像畫裡的夢幻夫妻。只是某方面的隱私行為讓人覺得有點瞠目結舌。

性交是異常的行為

大家暱稱薇塔的維多利亞·瑪麗·塞克維爾·韋斯特，擁有顯赫家世背景，乃是英國貴族名門中的名門，塞克維爾家族的千金小姐。自伊莉莎白女王時期開始，塞克維爾家族就是活躍於政壇和軍界的名門貴族，薇塔出生地的「Konle Castle」宅邸更是眾多貴族宅邸中最具歷史價值的建築物，以典雅、寬闊、壯觀而聞名。

薇塔的母親是私生女，這位私生女的母親（薇塔的外祖母）大家都稱她為佩皮塔，是羅馬人混血的西班牙舞姬。佩皮塔是位名號響叮噹的稀世美女，其豐富的情史也讓人津津樂道。

佩皮塔的眾多情人中，有一位叫做里歐涅爾．塞克維爾．韋斯特（薇塔的祖父）。曾是優秀外交官的里歐涅爾在巴黎邂逅了佩皮塔，立刻墜入情網，彼此深愛對方，兩人生了兩個兒子和三個女兒。

一八一八年，里歐涅爾被任命為英國駐美大使，在職期間把當時已經十九歲，就讀法國修道院的女兒維多利亞叫來美國。往後七年都在華盛頓度過的維多利亞憑著美貌及才華在社交圈闖出名號，成為當紅的社交名媛。據說當時已經喪偶的美國總統亞瑟（Chester Alan Arthur）也是追求者之一。

維多利亞從眾多求婚者中，選了小她四歲的堂弟里歐涅爾．塞克維爾．韋斯特（與她的父親同名）為夫。這對堂姊弟生下的一名女兒就是本單元的主角薇塔。薇塔本名維多利亞，但因為跟母親同名容易搞混，所以大家都暱稱她「薇塔」。

薇塔個性早熟，很有藝術氣質，很小的時候就喜歡寫文章，她的兒子奈傑爾回憶在他十四歲至十八歲的四年時間裡，母親共寫了八本長篇小說和五部戲曲作品。

薇塔出身英國首屈一指的貴族名門，可說是含著金湯匙出生，又有著少年般的敏捷身材、知性美貌、傲人才氣以及卓越文采。這樣的薇塔，未來應該過著人人稱羨、如畫中貴婦般的優渥生活。如果她沒有天生異於他人的性怪癖的話，應該是如此。

其實薇塔不愛男人，極度厭惡性行為。她曾經抱怨地說：「為了生孩子，老做那種異常的行為。」

對這樣的她而言，擁抱同性則另當別論。就如她的兒子奈傑爾所言，與同性躺在同一張床上，「就跟抱著心愛的愛犬或小兔子睡覺無異」。

在沒跟他人有所牽連的階段，這樣的愛情觀還不至於出問題。

充滿危險與情欲的原始之愛

薇塔二十歲時與大她六歲、任職於外交部的哈羅德·尼克遜結婚。這段婚姻一開始就潛藏著危機，因為在訂下婚約的同時，薇塔與一位名叫羅莎蒙德的女性來往密切，諷刺的是就在「哈羅德向她求婚，兩人共度夜晚」的同一個家中，薇塔開始和羅莎蒙德有了關係。

這時候哈羅德應該還沒發現薇塔的性怪癖。婚後沒多久，薇塔、哈羅德、羅莎蒙德三人一起去義大利旅行。抵達波隆那時，哈羅德搭乘列車前往就任地君士坦丁堡，兩名女性則去佛羅倫斯享受無人干擾的快樂同居生活。

薇塔在回憶錄裡寫道：「在義大利的數週，以及後來的數個月是我和羅莎蒙德愛得最濃烈的時候。我是個不貞的妻子吧？」

其實薇塔心中將愛情分成兩大類，對於丈夫哈羅德抱持的是充滿誠實及信任的精神之愛，對於羅莎蒙德則來自本能，是熱情如火、危險的情欲之愛。

可是薇塔馬上就對羅莎蒙德感到厭倦，冷酷無情地拋棄了她。後來，對於自稱只對同性才有情欲的薇塔與哈羅德和睦相處，還生了兩個兒子。

哈羅德有著擔任外交部政務次官的父親，乃是擔任印度副國王的第一代達弗林侯爵的後代，以優異成績從威靈頓學校、牛津大學畢業，是外交部的明日之星。

哈羅德知識淵博，個性誠實寬容，與頗具文學素養的薇塔相當談得來。兩人的婚姻生活至少在初期幸福且穩定。他知道薇塔有時候會想從婚姻的「牢籠」中逃離，總是給予最大的諒解。

有著浪漫藝術家個性的薇塔幾乎從未關心過身為外交官的丈夫工作上的事務。哈羅德知道薇塔的想法，也不要求薇塔以外交官夫人的身分一起出席公開場合。如此體諒太太的丈夫真是罕見，雖然有著這麼體貼的夫婿，但是薇塔對於安穩的家庭生活卻長期不滿。

日後，哈羅德對著即將結婚的兒子奈傑爾有感而發地說：「夫妻之間的肉體魅力只有數年光景而已。」結婚的最初幾年，兩人過著「正常」的夫妻生活，可是蜜月期一過，彼此肉體的接觸次數也減少，各自追求自己原有的性傾向。

哈羅德其實也是一位同性戀者。不過他個性冷靜沉穩，不像薇塔那樣浪漫，不會被愛情沖昏頭。

當時在英國男性同志愛是禁忌，可是哈羅德利用外交官特權，與駐在地的賣春郎發生關係。或許在比薇塔更在意結婚契約的哈羅德心裡，認為雖然同是出軌，愛上同性會比與異性搞不倫關係，罪惡感較輕吧？

可是，對薇塔而言，愛情是左右她人生的重要因素。身為外交官的丈夫經常不在家，不失為幸福的事。

前面提過，薇塔在與哈羅德訂下婚約之時就已經開始與羅莎蒙德交往。可是不久之後，一段更加熾烈，在薇塔的生涯中烙下深刻記憶的巨大愛情如波濤般向她襲來。這是一個宛如小說般華麗的愛情故事。

國王情人的女兒

這個熾熱愛情故事的對象名叫薇奧萊特．克沛爾。她是國王的情人愛麗絲．克沛爾的女兒。薇塔在十二歲時認識了這位年紀比自己小兩歲的女孩。

薇奧萊特的母親邀請薇塔到家裡參與茶會，兩人窩在昏暗的房間天南地北地聊得很開心。薇塔離去時，薇奧萊特在走廊親吻了薇塔，那天晚上薇塔就創作了歌曲〈我交到朋友了！〉，還在浴室裡熱情哼唱。

薇奧萊特和薇塔都是比一般人更感性，也更具文學素養、個性獨特的少女，兩人在學校都被同學孤立。對彼此而言，她們的結識都可以說是生平第一次遇見心靈相通的朋友。

聽起來是純真無邪少女的友情故事，然而這段友情在一開始就潛藏著危機。

> 我愛妳，薇塔，因為妳一直是我很想擁有的人。我愛妳，因為妳絕對不會把我借給妳的戒指還給我。我愛妳，因為妳只屬於我。我愛妳，因為妳相當聰

慧，想在文壇成名，妳總是無意識地表現出那樣的態度。（略）我愛妳，因為妳像我。比方說想像力、語言能力、嗜好及敏銳直覺等等，我們相似的地方實在太多了。我愛妳、薇塔，因為我看見了妳的靈魂。（摘錄自《婚姻的肖像》奈傑爾·尼克遜著）

這是後來薇奧萊特寫給薇塔的信，多麼熾熱的情書啊！

一九一八年四月，薇奧萊特到隆巴恩之時發生了一件震撼薇塔人生的事，那天晚上剛好哈羅德不在家。

在兩人單獨的交談中，薇奧萊特告訴薇塔自己是雙性戀。被薇奧萊特這麼一說，薇塔似乎不想再隱瞞自己的真面貌。當時已是夜深人靜，薇塔竟異於以往，坦白地說出所有關於自己的事。薇奧萊特一句話都沒說，靜靜聽著薇塔在吐露心聲。

薇塔一邊說，一邊將藏在心底角落的所有祕密都挖出來，將自己赤裸裸地呈現在薇奧萊特面前。只有在哈羅德面前，薇塔才會展現自己原有的溫柔及女人味，在其他人面前判若兩人。

於是薇奧萊特問薇塔，在自己面前又是什麼樣的人呢？

「從小我們兩人之間便存在著一種特別的關係。」

然後薇奧萊特向薇塔告白，自己一直愛著她。根據薇塔的回憶，相較於戀愛經驗貧乏的薇塔，薇奧萊特一直都是戀愛高手，很會耍手段。當時薇奧萊特躺在沙發上，抓著薇塔的手，每彎折一次薇塔的手指就說：「我喜歡妳啊！」這是薇塔從未經驗過的招數。

薇奧萊特的手輕碰自己的身體，加上輕言細語地訴愛，薇塔整個人都暈了。薇奧萊特身上的那件薔薇色天鵝絨禮服與她的白皙膚色相襯，那天晚上的她真的很迷人。

最後薇奧萊特說：「該睡了。」然後站起來吹熄燈火，兩人在黑暗之中再次接吻。薇奧萊特好像要將自己送給薇塔般整個人緊緊窩在薇塔的懷抱裡。

女扮男裝的「蜜月旅行」

兩人的戀情就此展開，彼此都強烈希望能夠連袂一起旅遊。她們約好在倫敦碰面，一同搭上前往艾希特的列車。

行李只有法文詩集，兩人有著無比解放的感覺，因為沒有人知道她們竟然會在這裡。兩人在康沃爾郡度過夢幻的五天，薇塔的大腦煥然一新，覺得好像展開了新的人生。

薇奧萊特散發著耀眼的美麗神采，無疑地，整個夏天薇奧萊特只屬於薇塔一個人所有。熱情無比的情書、音樂及詩詞。愛意一天比一天深厚，薇塔完全沉浸於發現自己嶄新一面的歡愉之中。

十一月底兩人一起去了巴黎，在巴黎皇家宮殿租了一間私人公寓。

當時薇塔使用朱利安的男性化名，並做男裝打扮。

為何如此，薇塔如是說：

「自從二次大戰結束，滿街都是這種打扮的男人，我也這樣穿才不會引人注目，走在街上從沒有人對我投以好奇的眼光。」她就以男裝打扮帶著薇奧萊特去咖啡廳或餐廳，還去劇場看戲。

薇塔打扮成年約十九歲，帶點不良少年感覺的美男子。其實薇塔在英國也扮過男裝。先在倫敦的家換好衣服，兩人再搭乘計程車前往海德公園角落，在鋪道下車，向叼著菸走在路上的少年買報紙時，少年稱呼薇塔「大哥」。然後兩人再搭乘列車至奧平頓，薇塔向飯店的女服務生介紹薇奧萊特是自己的妻子。

「從未有過如此自由的感覺，不曾如此幸福。」日後薇塔回憶時如此說道，那段日子簡直就是夢幻時光。

到了三月底，兩人一回國就引起大騷動。雖然薇塔說兩人的行為並未引人注目，其實看在他人眼裡，根本就是異於常人，早就有人注意到她們，而且已經變成一大醜聞。兩方的家人逼她們立刻分手，薇塔陷入困境中。

此時，有人向薇奧萊特提親。對方名叫丹尼斯，是一位過著冒險生活的男子。這名青年在學生時期即出走蘇俄，大戰爆發時回國，在西部戰線率領一個中隊作戰，還獲頒戰功十字勳章。

薇奧萊特的母親很滿意這門親事，極力想促成。善變的薇奧萊特早已被貼上毀棄婚約慣犯的標籤，她的母親擔心若再錯過這門婚事，女兒恐怕就永遠嫁不出去了。

薇奧萊特和薇塔剛開始都認為不妨透過這門親事來化解眼前的危機。因為結婚了反而更可以自由地見面。而且丹尼斯是個奇特的男性，竟然答應薇奧萊特婚後也維持像兄妹般清純關係的條件。

隨著婚禮日期的逼近，薇塔更顯焦慮。薇塔從報紙看了薇奧萊特公布結婚消息的報導後，大受打擊。薇奧萊特還是不改本性，她根本不想結婚，逼薇塔帶著自己逃婚。

薇塔也打算這麼做，準備好婚禮前一天跟薇奧萊特私奔。此時，丈夫哈羅德連續寫給自己的三封信讓薇塔清醒過來。她想起了丈夫溫和柔情的臉，並告訴自己絕對不能背叛一直以來如此信賴自己的那個人。

如果我叫她不要結婚，就算已經公布消息了，應該還是可以取消婚禮。（略）我真的打從心裡害怕，我無法相信自己，希望由你來阻止我。

此時薇塔只想走得愈遠愈好，她想跟薇奧萊特保持距離。於是搭乘前往巴黎的列車，在車裡反覆看著哈羅德的信，難過得說不出任何話，不斷湧出的淚水潤濕了雙頰。

哈羅德在巴黎北站等她，開車帶她去凡爾賽宮。可是，哈羅德還有工作，無法一直陪在薇塔身邊。翌日就是薇奧萊特結婚的日子，哈羅德出門工作，薇塔窩在房間，看著手表的指針移動到婚禮開始的那個時刻。

薇奧萊特一定到最後都在等著薇塔，捎來兩人早就決定好的暗號。

傷害肉體的強烈妒意

幾天後薇奧萊特和丹尼斯因蜜月旅行到了巴黎，薇塔剛好住進麗茲飯店。薇塔引誘薇奧萊特出來，帶她到自己住宿的飯店。

「當時我對她的態度粗魯無禮，完全不顧及她的感受，只在意自己的感覺。未來會變成怎樣我完全不在乎，只是想要給丹尼斯難堪。」

這根本是在說氣話。但也看得出薇塔內心的妒意多麼重，她覺得自己遭到背叛，一味地想要給薇奧萊特的結婚對象吃苦頭。

翌日，丹尼斯也到了飯店，三人談判。薇奧萊特對丹尼斯說：「你不要愛我。我要跟薇塔一起逃走。」丹尼斯聞之色變，彷彿當場就要氣絕身亡。

薇塔心裡相當焦急，她很想對丹尼斯說：「你這個笨蛋還聽不懂嗎？無論如何，薇奧萊特就是我的人。」如果真這麼說，說不定會被丹尼斯殺死，薇塔忍住沒說。

最後當然要收拾殘局，新婚夫婦去了西班牙旅行，薇塔則回到英國。可是，當薇奧萊特夫婦回國，住進在薩塞克斯的新家，兩人再度舊情復燃。因為丹尼斯只有週末在家，其他的日子薇塔都可以自由進出薇奧萊特的新家。

哈羅德對薇塔的包容固然讓人驚訝不已，但當薇塔告訴他要帶著薇奧萊特一起私奔時，內心還是感到悲傷痛苦，從他寫給薇塔的信就能看出端倪。

我知道我們總有一天能戰勝這場嚴酷的考驗。我們兩人最後一定會是贏家。不過就算打贏這場仗，我並不希望像戰後的法國那樣落魄地生還。（略）之所以喚回妳，是希望喚回妳原有的沉穩及完整。我該如何做才好？我對妳的愛始終不變。可是，卻覺得妳對我的愛好像已經脆弱得不堪一擊。（摘錄自《婚姻的肖像》奈傑爾．尼克遜著）

結果卻與哈羅德的冀望悖離，薇塔再度屈服於薇奧萊特的魔力之下，事態朝最嚴重的情況快速發展。

薇塔從多佛寄給哈羅德的信，內容已經少到跟留字條差不多了。

我送了一張空白支票給你，你可以領走我戶頭裡的所有存款。位於伊伯利街家的地方稅和國稅，我已經繳好了。為了買隆巴恩的家向爸爸借錢的利息也付過了。我把所有的錢都留給你。你願意當我們的著作權管理人嗎？

這封信以掛號的方式寄到人在巴黎的哈羅德手中。薇塔已經先將足以買一間房子的錢領出來，她和薇奧萊特好像打算定居在西西里島（也有人說是巴黎）。

要求對方忠貞

哈羅德終於察覺到迫切的危機，他和丹尼斯搭機前往兩人的旅居地，法國北部的亞眠。四個人一見面便展開激烈的爭辯。談判破裂前，丹尼斯突然對薇塔說了一句話，扭轉了情勢。

「妳應該不知道吧？其實薇奧萊特早就背叛妳了。」

薇塔的日記是這麼寫的：

當時我只能趕快離開晚宴現場，再多待一秒，我怕自己會殺了她。我告訴她，兩個月不要見面。

薇塔自己和哈羅德過著幸福的婚姻生活，卻要求薇奧萊特得對自己忠貞。怎麼想都覺得不合情理，但薇塔似乎不這麼認為。薇奧萊特也一樣，她一再辯解自己絕對沒有背叛。

翌日，丹尼斯也被薇塔逼問到走投無路，但他卻說自己跟薇奧萊特之間並沒有發生肉體關係，聲明薇奧萊特說的都是事實，她並沒有背叛薇塔。日後丹尼斯卻告訴哈羅德，那時候對薇塔說謊是為了阻止薇奧萊特自殺，這就是事情真相。

總之，四人在亞眠的談判似乎讓薇塔對薇奧萊特的情意急速冷卻。薇奧萊特的不忠當然是導因，但也意味著哈羅德對自己那份始終不變的真誠摯愛擊垮了薇塔思變的心。

直到一九二〇年冬天，薇奧萊特還是熱烈地追求著薇塔，但薇塔的情意已經不再。是哈羅德打贏了這場愛的戰爭，一直嚷著自己寂寞又痛苦的薇奧萊特給薇塔寫信的次數也愈來愈少，好像直到一九二二年底她才完全走出來。

不過，結婚一年之後，薇奧萊特和丹尼斯的感情也變得非常親密。日後薇奧萊特如此寫道：

我們都喜歡作詩、到法國旅行。我們就是道地的歐洲人。我們會因同一個話題而笑，想吵架就吵架，然後愈來愈相愛。我們不是一對可憐的情侶，而是別人稱羨的神仙眷屬。

後來，擁有知名大作家身分的薇奧萊特成為巴黎知識分子社交圈的中心人物。據說，薇奧萊特即使年華老去，以前讓薇塔神魂顛倒的聰明才智和熱情開朗的個性，以及與眾不同的貴氣依舊不減。

至於薇塔，後來則是跟知名女作家維吉尼亞·伍爾夫談戀愛，以後有機會再聊兩人的愛情故事。

奇妙的三角關係——安娜伊思vs.亨利vs.瓊

遭詛咒的神祕魅力

一九二三年夏末，現代美國文豪亨利．米勒邂逅了生命中的女人瓊．伊迪絲．史密斯．曼斯菲爾。當時瓊是百老匯舞廳「Wilson」的舞者，而已經三十一歲的亨利正在追求成為作家的夢想，同時也希望能夠擺脫不斷換工作的夢魘。

那一夜，當亨利站在舞廳櫃檯前，瓊突然走了過來。纖細的頸項頂著一張端正完美的臉蛋。她有著豐腴的身材、一頭烏黑潤澤的秀髮，以及一雙閃爍著異樣光采的眼睛。她對著亨利投以一抹神祕的微笑，但那抹微笑竟像一陣風馬上就消失了。

後來，亨利．米勒在他的小說《南回歸線》如此寫道：

好像有什麼東西朝我而來，而且，我完全無法躲開。她就這樣勇猛地闖了進來。就算只有一秒也好，如果她能停下腳步，或者能夠給我一秒的時間猶豫的話。可是，她並沒有這麼做，她連一秒也不肯給我。她就像命運中的電光火石，毫不留情地向我襲來，劍已經深深刺穿了我的心……

亨利完全被瓊的魅力所吸引，像被下了咒，即使預感正要毀滅自己的地獄在前方等著他，還是無法選擇逃離。

亨利在心中喃喃自語。妳這不祥的命運，打算把我帶往何處？可是，現在我的人和心，已經全屬於妳了。只要妳喜歡，帶我去哪裡都行。隨便妳要怎麼傷害我、踐踏我都行，想送我去監獄或精神病院也行，我打算把我整個人都交給妳。

從兩人相遇的那一刻開始，亨利已經完全被瓊散發出的那股神祕魅力束縛。

瓊向亨利訴說著自己如何被男人搞得身心俱疲的故事，她從一開始就在迷惑男人。她說，自己身上流著羅馬人的血液，曾有男人為了自己自殺，雖然身邊圍繞著很多男人，但到目前為止只愛過一個人。

瓊刻意營造謎樣氛圍，讓自己散發出神祕氣息，讓男人為她神魂顛倒，簡直就是不折不扣的勾男高手。其實她不過就是在夜間風月場所出沒，專門誘拐男人，騙取財物的非正派女人罷了。

就算亨利苦苦央求，瓊也不可能輕易就委身於他。雖然如此，她老是對亨利訴說其他男人的事，讓亨利嫉妒又痛苦。後來還毫無預警地搞失蹤，讓人誤以為她是不是突然自殺了，接著某天又突然回到亨利身邊，大衣裡面一絲不掛地出現在亨利面前。這次的行為再度動搖亨利的心，讓他更加心迷意亂。

瓊已經察覺到亨利心中充滿極深的妒意，還發現他有受虐狂傾向，明明為妒火所苦，卻更加深陷其中無法自拔。因此，瓊決定告訴他自己與職業拳擊手、製鞋業者、劇場經營者等無數男人之間的故事，而且都說得鉅細靡遺，根本將亨利玩弄於股掌之中。

結果亨利拋棄了元配，跟瓊結婚。瓊不愧是看過世面的人，她深信亨利總有一天會成為偉大的作家，因此在跟亨利結婚的同時，瓊也下定決心要盡全力輔助亨利，讓他成為知名作家。

只是她竟然更賣力地引誘男人，騙取錢財。她聲稱要去兜售亨利的原稿銅凹版作品，其實是流連在格林威治村的非法酒館和咖啡館，誘惑看似有點小錢的男人。

最後亨利和瓊二人四處籌款，還開了一間非法酒館。他們租下一間地下室倉庫，準備了私釀的琴酒和些許食材，當瓊在招呼時，亨利就在櫃檯準備酒和下酒菜給等候的客人。

那些男客為了瓊爭風吃醋，還演變為互相毆打的激烈狀況。亨利覺得自己有危險，曾經悄悄地從後面的窗子逃走。最後酒館經營不下去了，兩人因為要躲葡萄酒商或煤炭商等債權人陷入四處躲債的窘境。

就在這時候，亨利身邊出現一位厲害的情敵，是位名叫珍・克隆斯基（Jean Kronski）的女性，她渾身上下散發出格林威治村頹廢藝術家的氣息，是一位有著黑色長髮，帶有陽剛氣息的美女，到處奔走借住朋友的家，創作一些賣不出去的畫或詩。

瓊就這樣把珍帶進她和亨利的生活中，展開一段地獄般的三角關係。被妒火逼瘋的亨利經常一人在夜裡的街道閒晃，有時候會突然把兩個女人趕出去，有一次甚至企圖服藥自殺。

他失去了工作的幹勁，也沒心思寫作。瓊和多少男人搞曖昧都能忍受，只有愛上同性他無法接受。他認為是自己性無能瓊才會喜歡女人。一想到瓊喜歡和女性纏綿更勝於和自己做愛，整個人就要發狂了。

優雅又性感的女人

為了擺脫這樣的夢魘，一九三〇年亨利離開紐約遠赴歐洲。口袋裡只有跟老朋友借的十元美金。

可是在巴黎他根本沒錢吃飯，沒有工作簽證的美國人在巴黎是找不到工作的。朋友讓出房間的地板給他睡覺，還在餐廳洗盤子，不斷換朋友家借宿。後來亨利竟變成走在路上，人人看見他都會互碰手肘指指點點的流浪漢。

過著底層生活時亨利邂逅了另一位「命運中的女人」安娜伊思．寧（Anais Nin）。

後來以篇幅超過三萬頁的作品《日記》擠進知名作家之列的安娜伊思於一九二三年出生於巴黎的納伊，父親是有著西班牙貴族血統的知名鋼琴家，母親是歌劇歌手。安娜伊思以巴黎分行銀行家雨果．吉勒的妻子身分住在巴黎郊區的盧韋榭納，過著富裕的生活。

那時候安娜伊思正好完成著作《勞倫斯論》，等著書籍出版（自費出版）。

安娜伊思以熱愛藝術的多金優秀銀行員妻子身分，享受優渥無虞的資本家生活，但在二十八歲那一年，她想重新體認生命意義，想要破繭而出，化身為美麗蝴蝶。

我一定要成為「真正的女人」。我一定要活得「多采多姿」。在她強烈希望如此時，身無分文、作品滯銷、遭女人背叛、陷入窮途末路的亨利出現在她眼前。

亨利是透過朋友，美國律師理查·奧斯伯恩的介紹才認識安娜伊思。當時奧斯伯恩在安娜伊思丈夫任職的銀行負責法務相關工作。

安娜伊思一眼就看出亨利充滿著野性猥褻的能量，亨利則覺得安娜伊思是他目前為止見過的女性當中，唯一優雅與性感兼具的女人。不管從哪個角度看，兩人簡直就是彼此的寫照。可說是一見鍾情，覺得對方是自己的宿命。

如果安娜伊思沒遇見亨利，應該會繼續過著安逸優渥的資本家夫人生活，也從不會想要成為真正的女人吧？萬一亨利沒遇見安娜伊思，世界上也不會有亨利米勒這位知名大作家吧？

總之，兩人的感情快速進展，更奇妙的是，亨利竟然將他和留在紐約的妻子瓊之間的事全部說給安娜伊思聽，連閨房密事也全盤托出。安娜伊思對這位未曾謀面的美女深感興趣，也在不知不覺間產生了極深的妒意。

一九三一年，瓊遠渡大西洋到了巴黎。瓊的敏銳直覺告訴她出事了，才決定啟程到巴黎。亨利已經被其他女人所迷惑，她絕對不能讓別的女人搶走亨利。

雖然瓊自己跟無數男人牽扯不清，但她是愛著亨利的，也認為自己是他的女人。她深信亨利總有一天會成為偉大作家，這份光榮是自己賜予亨利的，只有自己才有資格與亨利共享榮耀。

一九三一年十二月二十九日，瓊和亨利兩人一起造訪安娜伊思位於巴黎近郊盧韋榭納的家。很奇妙地安娜伊思原本對瓊懷抱的妒意竟在那一瞬間轉化為傾慕之情，她完全被瓊散發出的超級魅力懾服。

當安娜伊思看著瓊的時候，她覺得自己遇見了世界第一美女。瓊完全符合自己無意識塑造的理想美女形象。安娜伊思完全被打敗了，她開始思考自己能為瓊做什麼事。

不過，安娜伊思天生擁有異於常人的敏銳觀察力，當她著迷於瓊的魅力時，也看出了瓊的女性本質。瓊的行為舉止一點都不自然，她總是像女演員那樣很在意觀眾的反應，為迎合觀眾而故作姿態。

攝於一九五三年。亨利米勒與當時的太太伊芙到西班牙旅遊時拍的照片。他與伊芙的關係在一九六二年因離婚畫下句點。（©AKG／PPS）

亨利曾告訴安娜伊思瓊是個愛說謊的人，但是安娜伊思看出來瓊之所以說謊並非天生自願，而是她渴望那樣活著，她只是在表達自己的一個心願罷了。

對瓊而言，她希望在別人眼中只有自己最重要、最真實。瓊太自負，也容易受傷，因而更常需要別人的讚美，沒有讚美就無法活下去。安娜伊思已經看出瓊亮麗外表下隱藏的那顆容易受傷的脆弱心靈。

對於一直掙扎著想化身為美麗蝴蝶，卻只能持續在「日記」裡吐露心聲的安娜伊思而言，能在罩著黑色篷幕的夜間世界自由來去的瓊，正是她心目中理想的形象。她追求的正是瓊的生活方式，瓊就是她朝思暮想的理想女性。

倒錯的性愛與惡魔的破壞力

安娜伊思與瓊第一次在盧韋樹納碰面後沒多久，就開始只有兩人的約會。一起去餐廳用餐時，安娜伊思看著不停喝酒、抽菸的瓊，悄悄地碰觸她的身體、握著她的手，想確認自己對她的愛是一場夢還是真實。

瓊說的話幾乎都是謊言。瓊之所以要說謊，到底在縝密地計畫什麼事呢？為何她要如此浮誇，總是要強調自己令人生妒的女性之美呢？

坐上計程車後，瓊抓起安娜伊思的手按在自己胸前，安娜伊思完全陶醉了，也一直緊握著瓊的手。就算一味地讚美瓊，也不是可恥的事，因為是瓊帶領自己從幻想的世界離開至現實的世界中。

瓊說她想看兩人第一次見面那天安娜伊思穿薔薇色禮服的樣子，還想聞一聞在盧韋樹納家中聞到的香水味道。

「只要聞到那個香味，就會讓人想起妳。」

這只是一時有感而發？還是真心話？

「那個，妳曾經對女人產生過欲望嗎？」

幾天後，安娜伊思問了再次造訪盧韋樹納的瓊這個問題。

「沒有。珍太男性化，我反而不覺得她是女人。雖然我發現自己有同性戀傾向，但目前為止尚未遇到能讓我心動的同性。」

珍就是瓊在紐約認識的那位充滿藝術家氣息的女人，她闖進了自己和亨利的生活當中。

前一天在餐廳時，瓊說她無論如何都想看安娜伊思裸足穿涼鞋的模樣，當時安娜伊思其實很想觀賞瓊的身體，但她卻說怕讓人看到自己的裸足。

兩人就這樣繼續著沒有講到重點的對話，當瓊的視線停在穿著涼鞋的安娜伊思的雙腳時，喃喃自語地說：「好美的腳啊！」

安娜伊思帶瓊到自己的寢室，讓她試穿自己的涼鞋。還拿了自己的黑色斗篷披在她身上。在瓊試穿涼鞋時，安娜伊思發現瓊穿著材質粗糙的木棉絲襪，她的心好痛。

「讓我幫妳訂作一件相同款式的斗篷吧！」

安娜伊思這麼告訴瓊，她的視線始終盯著瓊胸口若隱若現的豐滿雙峰，她正努力地和想親吻瓊胸口的衝動抗戰。

瓊說她要去買回紐約的車票，兩人約好隔天在市區碰面。

「昨晚想打電話給妳。（略）晚上我去了咖啡廳，可是滿腦子都在想妳，整個人像是吃了藥般暈眩，都聽不到其他人的聲音。安娜伊思，妳到底有何打算？」

安娜伊思聽了這些話，因喜悅而顫抖著。難道這女人愛上我了？這樣的瓊對我有好感嗎？

安娜伊思送瓊絹絲的絲襪，還有她一直想要的酒紅色手帕、珊瑚耳環和土耳其石戒指。然後兩人挽著手臂緊握彼此的手，感受著對方的體溫在街道漫步。安娜伊思整個人都醉了。

為了買火車的折扣票，兩人問了好幾家旅行社。在最後一家旅行社時，瓊整個人趴在櫃檯上跟店員說話，店員被瓊的舉動電暈了，眼神肆無忌憚地在她身上游移。

店員當場提出邀約，希望瓊隔天和他約會。

「明天要不要一起去喝個東西？下午三點可以嗎？」

「三點不行。如果是六點，應該可以。」

走出店外，瓊趕緊向安娜伊思解釋。

「那位男店員看起來很親切，想說以後可能也會有事麻煩他，所以才不好意思拒絕。」

安娜伊思強忍著即將湧出的淚水，不斷地說：「我不要這樣，我無法忍受妳跟別的男人說笑。」

終於找到征服自己的男人

後來瓊就回去紐約了，瓊離開以後安娜伊思覺得瓊好像上了她的身，透過與亨利的親密關係，她體會到有生以來最熱情熾烈的性愛世界，而且深深沉溺其中。

我完全被他控制了。（略）他在我的耳邊呢喃細語，對著我的身體下達指令。我就照他說的行動。未知的本能在我的體內覺醒了。我成為他的囚犯。在這個人、這個男人面前，我突然變得不知羞恥，呈現出最真實的自我。（摘錄自《亨利與瓊》（*Henry and June*）安娜伊思．寧著）

再也藏不住了，那個男人完全征服了我。找到完全征服自己的男人，女人心中喜悅無比。我心裡的那個「女人」在強壯的男人懷抱中，變得愈來愈大。（摘錄自《亨利與瓊》安娜伊思．寧著）

我背叛了外子。我欺騙了他，可是，世界並沒有因此沉入硫磺色的霧裡。這是一場近似瘋狂的勝利。我已經無法理會出現在我人生中的馬賽克了。（摘錄自《亨利與瓊》安娜伊思．寧著）

安娜伊思捨不得放棄她與亨利之間的性欲之樂，背叛了一本正經的丈夫雨果。所謂世間的道德觀，已經無法套用在她身上了。

當安娜伊思愈迷戀亨利，她發現自己對雨果的愛也變得比以前更深切。現在的她已經分裂為雙面人了。跟亨利在一起時，她讓內心的熱情盡情釋放，欲望全部潑灑完畢後就回歸平常優雅的她，靜靜地回到自己的家。家就扮演著家的功能，她真心覺得家是唯一能讓自己的心靈休息的場所。

另一方面亨利覺得自己遇到了真正了解自己，知識水準與自己相當的女人，跟這樣的女人談戀愛是他前所未有的經驗，也完全深陷其中。

亨利從未見過如此知性的女人，也未曾見過如此性感的女人。知性與性感是正好相反的兩種特質，卻同時存在於安娜伊思的體內。她就是如此稀有的女性，亨利怎麼可能不被她迷住呢？

兩人頻繁地在飯店或亨利位於克利希的宿舍，或丈夫雨果出差不在的盧韋樹納家裡約會。

他根本不給我時間脫衣服。接下來的事，我實在不曉得該如何描述。這是我有生以來第一次經驗。那樣的密度實在太頻繁，而且激情到好刺眼。我只記得亨利的熾熱欲望，無人能比的能量，以及他對我說「妳的屁股實在太美了。」滾燙的蜜汁汩汩而出，極致愉悅的磁波不斷釋放。那是永無盡頭的一種融洽之情與平等的快樂。是讓我期待已久的深情性愛，既黑暗又極致，也是一種贖罪祈禱式。碰觸我肉體之芯的男人徹底征服了我，一股因熱情而濡濕的火燄正強而有力地燃燒著。

「有感覺了嗎？妳，有感覺了嗎？」

我們麼話也沒說。雙眸和大腦早已充血，言語沉溺於血海中。我只能發出無意義，不確定是聲音的叫聲。從女人身體最原始的根源所發出的叫聲，從子宮發出如蜜般的咆哮。

喜悅無比，流出眼淚，無法言語。我完全被征服了，失去了言語能力。

天啊，這樣的日子就是深藏心中的「女人」真面目完全顯露的日子，不需要有所隱藏，有個男人會把我捧在手心裡愛憐的幸福日子。（引用自《亨利與瓊》安娜伊思·寧著）

安娜伊思依舊愛著丈夫。她很清楚因為現在的另一半，她才能過著如此優渥無憂的生活，她也知道當自己傷痕累累後，最後能回去的地方就是丈夫的身邊。

可是，為了讓深藏內心深處對愛欲的熱烈渴望得以解放，只能這麼做。而且，這是她第一次遇到能夠包容她的男人，也是第一次遇到在性愛世界中能與自己旗鼓相當的男人。

無比恐懼的狂態

安娜伊思對亨利的愛戀愈深，害怕瓊會回來從自己身邊搶回亨利的恐懼也隨之加深。

她對瓊的強烈妒意開始侵蝕自己的心。每當她認為亨利與瓊之間的愛情，比自己與亨利之間的愛戀更像是命運的安排時，安娜伊思就會發狂。她自己也曾被瓊散發的魅力所著迷，所以跟如此有魅力的女人爭奪亨利的愛，自己是一點勝算也沒有。

愛一個人愈深，害怕失去他的恐懼也會愈強烈。我一分一秒都不想跟他分離。片刻都不要分離，只想一直待在他的身邊。不，不是只待在他的身邊，我想把他藏在我的心裡面。

我好討厭瓊，可是她真的很美。唉，瓊啊！我每個方面都輸妳。可是，只想拜託妳一件事，不要搶走亨利。妳就算沒有亨利，還是可以活下去吧？因為妳不像現在的我，是如此愛著亨利。（引用自《亨利與瓊》安娜伊思．寧著）

或許這是最後一次躺在亨利的懷抱裡了。每當這麼想時，安娜伊思就會陷入無比的恐懼，變得歇斯底里。因為她不曉得下次跟亨利見面之前，瓊會不會突然出現。瓊到底有多愛亨利呢？而亨利又是怎麼想的？

等到安娜伊思回過神，才覺得如此胡思亂想的自己很辛苦。

她甚至祈禱瓊死。只要瓊死了，一切就解決了。如果她跟亨利分手的話，就不用這麼煩惱了。可是，這些都是不可能發生的事。每當提到瓊，她就會陷入無盡的恐懼深淵。

亨利一直煩惱著要不要放棄瓊，但是安娜伊思知道，他絕對不可能離棄瓊。不，是無法離棄。因為瓊就是他的熱情來源，也是他的創作靈感。

對亨利而言，他必須同時擁有瓊和安娜伊思。瓊是興奮劑，安娜伊思是療癒劑。因為追求瓊，讓亨利懂得絕望的滋味；與安娜伊思來往，就像是某種調和劑，剛好撫平心中的傷口與痛楚。

此外，安娜伊思也覺悟到，她與亨利的肉體愛絕對無法長久。以性為創作主題的作家亨利．米勒，未來絕對不會滿足只跟一位女朋友有性愛關係。

而且安娜伊思有丈夫雨果，兩人過著富足的中產階級生活。安娜伊思絕不會放棄這個來交換她與亨利之間的性生活。

亨利愈是在小說中把瓊描寫成很壞的女人，愈讓安娜伊思覺得瓊對亨利的影響力依舊存在，而且相當重要。亨利至今仍在愛慕安娜伊思的情懷與忘不了瓊的念頭中搖擺不定。如果瓊回來了，他一定又會屈服在她的魔力下，然後一切再度回歸原狀，安娜伊思真的很怕事情會演變成這樣。

「希望妳等我」

一九三〇年十月，「命運中的女人」瓊終於再度來到巴黎。已經好幾次在心裡想像這一刻到來的安娜伊思聽到這項訊息時，只是一臉茫然。

腦海裡不斷迴盪著亨利的那句話：「希望妳等我。」可是，她已經等不及了。不曉得吞了多少顆安眠藥，電話鈴聲一響起，整個人就馬上衝出去。

我到底怎麼了？還有，亨利又是怎麼啦？他的工作順利嗎？瓊到底為了什麼事找他？現在的他可是我一手栽培的。

總之，三人之間再度展開「危險關係」，安娜伊思從再次見面的瓊和亨利口中，聽到了她一直想聽的答案。

瓊說的內容正好和亨利說的相反，說謊的人應該是亨利。瓊說亨利在她的面前引誘其他女人；瓊說亨利把她描述成離事實十萬八千里的殘酷女人。亨利為了那個女人、為了讓自己擺脫痛苦，故意扭曲了她的性格。

「亨利捏造了一個虛構的女人。為了那個女人而苦，最後為了恨那個女人，就隨便捏造，他永遠只會寫自己有多痛苦。」

亨利曾對安娜伊思說過瓊的謊言很可怕，在妳的面前扭曲我的人格，在我的面前就誹謗你的人格。瓊如果回來了，她一定會對我們下毒手，把我們的關係搞得分崩離析。此刻看來亨利所言屬實。

可能因為這樣，瓊感覺到安娜伊思對她產生了同性之愛，決定拿這件事加以反擊。她故意裝作陷入安娜伊思的愛戀中，其實是想從安娜伊思口中打探亨利的真心。

那天晚上，造訪盧韋樹納的瓊鑽到穿著衣服、躺在床上的安娜伊思身邊。她貼著安娜伊思，緊緊抱著她，並獻上熱情之吻。

「妳啊，怎麼如此嬌小。我如果像妳這樣，會是多麼美好！我如果再用點力，就會把妳折斷了。」

被瓊緊緊抱著的安娜伊思鑽進瓊瘦弱平坦的身子裡，整個人已經失神，完全陶醉其中。赤裸的四隻腳交纏著，時上時下，瓊用牙齒輕咬著安娜伊思的耳朵，不停愛撫。

「妳好美！」瓊在安娜伊思耳畔低語。

「我想擁有妳的全部。我討厭還有別人也愛妳。我希望只有我們兩個，去哪裡都行。」

安娜伊思完全處於被動局勢，她接受來自瓊的熱情之吻，瓊很機靈地想在這個時候套出安娜伊思所愛男人的名字。瞬間安娜伊思突然回過神，她巧妙地提起以前住在紐約的作家情人約翰·厄斯金，總算搪塞了過去，但那一刻她的整顆心都涼了。

假裝已經分手

不過，瓊沒那麼好騙。翌晨她對已經起床的亨利說。

「你們兩個假裝分手，目的是想探視我的想法吧？你們要什麼伎倆我都知道。你和安娜伊思是真心相愛的，在我面前只是演戲而已。」

瓊把安娜伊思送給她的戒指、耳環、手鍊等禮物，以及情書全部打包，送還給安娜伊思。那一天，瓊終於離開亨利的家。

或許瓊明白自己與安娜伊思的戰爭，她吃了敗仗。那位自己一心想守護、軟弱又容易被騙的男人，竟然可以沒有她的幫忙就在巴黎成為知名作家。

瓊輪流住在朋友家中。不過，她並沒有就這樣消失蹤影，某天傍晚，她又突然回到亨利的家。用過晚膳後瓊突然變得歇斯底里，大聲嚷嚷說上一次離開亨利的家就得痢疾，是因為亨利和安娜伊思在自己的食物中下毒的關係。

安娜伊思一直擔心瓊對亨利還有影響力，特地安排亨利在倫敦度過聖誕節，還準備了旅費。

可是就在出發的前一天，瓊突然出現在亨利的家，看到了旅行袋和擺在桌上的旅遊宣傳單。醉醺醺的瓊開始對亨利惡言相向，還嚷著要撕下安娜伊思的謊言面具。

後來亨利在書中寫道：「生平第一次被心愛的女人罵得這麼慘。」亨利被罵到受不了了，將桌上安娜伊思為他準備的旅費撒落一地，對瓊說妳全部拿走好了。還說隔天會去退票，退票的錢也會一併給瓊。

感到瓊最後似乎後悔，只拿走一半的錢。當她眼眶泛淚，正要走出亨利的家時，亨利忍不住跑過去。亨利站在樓梯處向她道別，瓊滿是悲哀的臉上浮現一抹微笑。

如果當時亨利表現出有點依依不捨的態度的話，瓊或許會飛奔到他的胸前吧？可是，亨利只是靜靜看著她，什麼也沒有說就走進屋裡。他坐在廁所前的桌子，像孩子般哭泣。因為這是他與瓊的最後道別。

十二月二十六日，瓊搭船回去美國。

「亨利不能沒有我，沒有了我，他就等同死人一樣。」

瓊對著來車站送行的亨利室友沛雷斯這麼說。

後來又說了一句：「請你告訴他，叫他趕快寄離婚同意書給我。」

然後走進火車車廂，離開了巴黎。

戀愛浪人的末路

雖然亨利跟瓊分手了，並不代表他能從瓊的束縛詛咒中解脫。亨利的代表作《南回歸線》撰寫年份是一九三八年，於一九四〇年開始撰寫《色史》（*Sexus*），一九四七年撰寫《情網》（*Prexus*），一九五二年撰寫《夢結》（*Nexus*）。

描述亨利與瓊之間那段被詛咒的愛情歷史作品《殉色三部曲》（*The Rosy Crucifixion*）三部曲於一九五九年完成，時間剛好是亨利與瓊分手後的第二十五年。

亨利之所以能夠一直擁有身為作家的旺盛生命力，都是因為瓊。

兩人分手後，亨利寫了信給瓊，信中內容如下。

> 我終於失去了妳，這讓我感到非常悲傷，我希望自己至少能夠記住妳，我決定將妳化身為永遠的人物，我打算把妳寫進小說裡。這部作品應該會成為史無前例的小說作品。

於是，亨利完成了作品《南回歸線》，後來又寫了《殉色三部曲》。

亨利後來喜歡的女人，全都有著他命運中的女人，瓊的影子。一九四二年的蘿拉、一九四四年的瓊·蘭卡斯特、同一年結婚的對象雅妮娜·雷普斯卡、亨利七十五歲時的戀愛對象德田寬子，都有瓊的影子。

亨利與瓊的那段詛咒式的愛情一直在小說中延續著，瓊帶給亨利的傷口就這樣一直敞開，從來沒有癒合。可是，儘管受了很重的傷，亨利卻還是打不死。其實應該說是瓊把自己當成貢品獻給了亨利，亨利才可以有如此驚人的生命力。

將瓊化為永遠的文學作品，也可以說是亨利對瓊最冷酷的報復。

瓊與亨利分手後，與某位空軍大尉再婚，但一九四二年就離婚了。亨利後來也一直追蹤瓊的消息。一九五四年的冬天，亨利在寫給安娜伊思的信中，最後加注了以下的內容：

對了，幾個月前瓊住進了精神病院。不寫了，因為郵差應該馬上就到了。

亨利

亨利很怕跟瓊見面，可是，如果一直不見面，心情會無法安定。左思右想後，亨利還是決定去探望瓊，一九六一年九月他去了醫院。

當時已經五十八歲的瓊牙齒掉光了、眼睛也失明，關節炎導致她的四肢歪曲，整個人都變形。亨利看到她的樣子嚇呆了，忍不住在內心自責。

亨利看到眼前變了樣的瓊大受打擊，他的心很痛，可是瓊知道亨利來了，好像被什麼東西附身了般異常興奮，一直對著亨利喋喋不休，讓亨利只想趕快逃離現場。

那時候瓊突然指著床，她希望亨利留下來過夜。覺得無地自容的亨利哭了起來，急急忙忙地跑出房外。

安娜伊思後來以極冷靜的筆觸，寫了以下的文字：

> 是我視而不見，讓瓊一直走錯路，才演變成今天的局面。值得我們更深愛的人，就是那些不冀望自己有成就，卻一心一意希望我們更好的那些人；或是願意為了所愛的人勇敢挺身而出的人。（引用自《迷宮裡的女人們》野島秀勝著）

這些話可以說是曾經對瓊產生同性愛，並熱烈仰慕她的安娜伊思的真心話吧？瓊嚮往自由奔放的愛情，但最後夢想還是破滅了。可是安娜伊思的夢想並沒有破滅，對安娜伊思而言，瓊是她為自己選擇的不幸替代品。安娜伊思身為女人、身為藝術家，如果希望獲得解放，勢必要找個犧牲品。

另一方面，亨利始終相信安娜伊思總有一天會跟雨果離婚，與自己結為連理。

他的夢想並沒有實現。就算安娜伊思多麼享受她與亨利的歡愉之愛，就算多麼害怕會失去亨利，自從瓊離開了亨利後，她也開始與亨利保持距離。

因為愛情浪人的安娜伊思又看上別的男人了。對象是年紀足以當她的父親，知名度極高的心理學家奧托·蘭克。

或許安娜伊思一開始就沒有要跟亨利結婚的打算。為了可以繼續盡情享受談戀愛的甜蜜，少不了要有心胸寬大的丈夫及富裕的生活來當避難所。

一九七七年，當安娜伊思以七十四歲高齡因癌症過世時，在她身邊陪著走完最後一程的人是小她二十五歲的情人魯巴特·保羅。那時候她的身分還是雨果的妻子。關於安娜伊思去世的新聞報導，洛杉磯的新聞報導其未亡人是魯巴特，紐約的新聞報導未亡人則是雨果。

附錄

主要參考文獻

『世界エロス大全』参考資料（紙面の都合で洋書は省略しました）

『アリス幻想』高橋康也（すばる書房）／『マニエリスム（上中下）』アーノルド・ハウザー（岩崎美術社）／『世紀末の美神たち』高階秀爾（集英社）／『ファム・ファタル』イ・ミョンオク（作品社）／『アラビアのロレンスを探して』スティーヴン・E・タバクニック（平凡社）／『「父の娘」たち』矢川澄子（新潮社）／『フェティシズムの修辞学』北原童夢（青弓社）／『両性具有の美』白洲正子（新潮社）／『西洋名画の謎』井出洋一郎（小学館）／『庶民たちのセックス』ジュリー・ピークマン（KKベストセラーズ）／『インテレクチュアルズ』ポール・ジョンソン（共同通信社）／『人工の冬』アナイス・ニン（鳥影社）／『近親相姦の家』アナイス・ニン（鳥影社）／『エロス幻論』中田耕治（青弓社）／『ヘンリー・ミラー研究』田澤晴海（芸林書房）／『アナイス・ニンの日記』アナイス・ニン（筑摩書房）／『乳房論』マリリン・ヤーロム（筑摩書房）／『迷宮の女たち』野島秀勝（ティビーエス・ブリタニカ）／『インセスト』アナイス・ニン（彩流社）／『ヘンリー・ミラー全集』（新潮社）／『ヘンリー&ジューン』アナイス・ニン（角川文庫）／『外道の群れ』団鬼六（幻冬舎）／『伝奇・伊藤晴雨』斎藤夜居（青弓社）／『この世で一番幸せな男』メアリー・V・ディアボーン（水声社）／『伊藤晴雨自画自伝』伊藤晴雨（新潮社）／『フランス女性の歴史』（アラン・ドゥコー（大修館書店）／『オルガスムの歴史』ロベール・ミュッシャンブレ（作品社）／『体位の文化史』アンナ・アルテール他（作品社）／『ヴァギナ』キャサリン・ブラックリッジ（河出書房新社）／『エロチックな足』ウィリアム・A・ロッシ（筑摩書房）／『王たちのセックス』エレノア・ハーマン（KKベストセラーズ）／『フランスの歴史をつくった女たち』ギー・ブルトン（中央公論社）／『ペニスの文化史』マルク・ボナール他（作品社）／『ペニスの歴史』デビッド・フリードマン（原書房）／『両性具有』パトリック・グライユ（原書房）／『お尻とその穴の文化史』ジャン・ゴルダン他（作品社）／『世界性風俗じてん（上下）』福田和彦（河出書房新社）／『鞭打ちの文化史』中田耕治（青弓社）／『絶頂美術館』西岡文彦（マガジンハウス）／『でぶ大全』ロミ&ジャン・フェクサス（作品社）／『カストラートの歴史』パトリック・バルビエ（筑摩書房）／『カストラートの世界』アンガス・ヘリオット（国書刊行会）／『レスビアンの歴史』リリアン・フェダマン（筑摩書房）／『サド侯爵』シャンタル・トマ（三交社）／『書物の王国　両性具有』（国書刊行会）／『ヴィクトリア朝のアリスたち』高橋康也（新書館）／『「不思議の国のアリス」の誕生』ステファニー・ラヴェット・ストッフル（創元社）／『図説奇形全書』マルタン・モネスティエ（原書房）／『性的不能者裁判』ピエール・ダルモン（新評論）／『ヴァギナの文化史』イェルト・ドレント（作品社）／『アラビアの

ロレンス』ロバート・ペイン（筑摩書房）／『ザッヘル＝マゾッホの世界』種村季弘（平凡社）／『マゾヒズムの発明』ジョン・K・ノイズ（青土社）／『宦官』三田村泰助（中央公論社）／『フェティシズムの世界史』堀江宏樹（竹書房）／『毛皮のヴィナス』レオポルド・フォン・ザッヘル・マゾッホ（二見書房）／『マゾッホとサド』ジル・ドゥルーズ（晶文社）／『アラビアのロレンス』中野好夫（岩波書店）／『アラビアのロレンスの秘密』P・ナイトリイ他（早川書房）／『宦官』顧蓉他（徳間書店）／『スウェーデン女王クリスチナ』下村寅太郎（中央公論社）／『アナイス・ニンの少女時代』矢川澄子（河出書房新社）／『ヴァージニア・ウルフ』ナイジェル・ニコルソン（岩波書店）／『オーランドー』ヴァージニア・ウルフ（筑摩書房）／『ある結婚の肖像』ナイジェル・ニコルスン（平凡社）／『伝記のなかのエロス』佐伯彰一（筑摩書房）／『パリ、娼婦の館』鹿島茂（角川学芸出版）／『アナル・バロック』秋田昌美（青弓社）／『官能へのテロル』矢野龍子（青弓社）／『名画の秘めごと』有地京子（角川マガジンズ）／『名画の言い分』木村泰司（集英社）／『中世のエロティシズム』アルノー・ドゥ・ラ・クロワ（原書房）／『仰天！歴史のウラ雑学　後宮の世界』堀江宏樹（竹書房）／『欲望するハイヒール』北原童夢（三一書房）／『女装の聖職者ショワジー』立木鷹志（青弓社）／『砂漠の反乱』T・E・ロレンス（角川書店）／『突飛なるものの歴史』ロミ（作品社）／『図説世界三面記事全書』マルタン・モネスティエ（原書房）／『珍世界紀行』都築響一（筑摩書房）／『十八世紀パリ生活誌（上下）』タブロー・ド・パリ（岩波書店）／『図説乳房全書』マルタン・モネスティエ（原書房）／『図説毛全書』マルタン・モネスティエ（原書房）／『少女への手紙』ルイス・キャロル（新書館）／『天才たちの私生活』ゲルハルト・プラウゼ（文藝春秋）／『図説ドレスの下の歴史』ベアトリス・フォンタネル（原書房）／『刑吏の社会史』阿部謹也（中央公論社）／『髪　おしゃれの文化史』春山行夫（平凡社）／『接吻の博物誌』立木鷹志（青弓社）／『ザ・ロイヤルズ』キティー・ケリー（祥伝社）／『我が秘密の生涯』田村隆一訳（河出書房新社）／『性をめぐる基礎知識』（自由国民社）／『世界SEX百科』由良橋勢（データハウス）／『図説エロスの世界』青木日出夫（河出書房新社）／『性の女性史』ハリエット・ギルバート（現代書館）／『性欲の文化史』井上章一（講談社）／『王様も文豪もみな苦しんだ性病の世界史』ビルギット・アダム（草思社）／『古代エジプトの性』リーセ・マニケ（法政大学出版局）／『歴史はSEXでつくられる』リチャード・ゴードン（時空出版）／『性愛の社会史』ジャック・ソレ（人文書院）／『図説快楽の中世史』ジャン・ヴェルドン（原書房）／『ルイ14世』ピーター・バーク（名古屋大学出版会）／『恐ろしい医師たち』ティル・バスチアン（かもがわ出版）／『スカトロジー大全』ジョン・G・ボーク（青弓社）／『死体の文化史』下川耿史（青弓社）／『書物の王国　同性愛』小栗虫太郎他（国書刊行会）／『セラフィタ』オノレ・ド・バルザック（国書刊行会）／『マスタベーションの歴史』石川弘義（作品社）／『匂える園』マホメッド・エル・ネフザウィ（青弓社）／『うんち大全』ジャン・フェクサス（作品社）／『天才と病気』ネストール・ルハン（日経BP社）／『セクソロジー異聞』下川耿史（青弓社）／『羞恥の歴史』ジャン・クロード・ボローニュ（筑摩書房）／『化粧　おしゃれの文化史』春山行夫（平凡社）／『イギリス・カントリー紀行』土屋守（東京書籍）／『スキャンダルの世界史』海野弘（文藝春秋）／『ギロチン』ダニエル・ジェルールド（青弓社）／『万国奇人博覧館』G・ブクテル他（筑摩書房）／『女主人の鞍』天野哲夫（第三書館）／『18世紀パリ市民の私生活』アルフレッド・フランクラン（東京書籍）／『サドは有罪か』ボーヴォワール（現代思潮社）／『英国レディになる方法』岩田託子他（河出書房新社）／『ヴェルサイユ宮殿に暮らす』ウィリアム・リッチー・ニュートン（白水社）／『ブルー・ブラッド』山下丈（筑摩書房）／『ギロチンと恐怖の幻想』ダニエル・アラス（福武書店）／『斬首の美学』吉田八岑（人類文化社）／『肉体と死と悪魔』マリオ・プラーツ（国書刊行会）／『毒の話』山崎幹夫（中央公論社）／『ルイ14世　フランス絶対王政の虚実』千葉治男（清水書院）／『もう一つのヴィクトリア時代』S・マーカス（中央公論社）／『女装の剣士シュヴァリエ・デオンの生涯』窪田般彌（白水社）／『中世ヨーロッパの城の生活』J・ギース他（講談社）／『イギリス式結婚狂騒曲』岩田託子（中央公論新社）／『パリ風俗史』アンドレ・ヴァルノ（講談社）／『性の発禁本』城市郎（河出書房新社）／『セクシャルアビューズ』山口遼子（朝日新聞社）／『禁じられた性技』天城英生（河出書房新社）／『世紀末・性のワンダーランド』矢切隆之（河出書房新社）／『ラファエル前派』ローランス・デ・カール（創元社）／『世紀末と楽園幻想』池内紀（白水社）／『ローマ人の愛と性』本村凌二（講談社）／『恋愛達人の世界史』上村くにこ（中央公論新社）／『モナ・リザは高脂血症だった』篠田達明（新潮社）／『ヴィクトリア朝の性と結婚』度会好一（中央公論社）／『アベラールとエロイーズ　愛の往復書簡』（岩波書店）／『性の歴史』J・L・フランドラン（藤原書店）／『イギリス貴族』山田勝（創元社）／『最後の宦官　小徳張』張仲忱（朝日新聞社）／『カップルをめぐる13の物語（上下）』ホイットニー・チャドウィック他（平凡社）／『日本刑罰風俗図史』藤澤衛彦他（国書刊行会）／『自慰〜抑圧と恐怖の精神史』ジャン・スタンジェ他（原書房）／『クラフト＝エビング　変態性欲ノ心理』クラフト＝エビング（原書房）／『グランドツアー』岡田温司（岩波書店）／『アンドロギュヌス！』別冊幻想文学（アトリエOCTA）／『ダ・ヴィンチもびっくり！　名画をめぐるヒソヒソ話』話題の達人倶楽部（青春出版社）／『日本猟奇事件白書』別冊歴史読本（新人物往来社）／『ｙａｓｏ夜想』「特集・ヴィクトリアン」（ステュディオ・パラボリカ）

國家圖書館出版品預行編目資料

世界情愛大全：「歡愉」、「偏頗的愛」與「禁忌」的樂園／桐生操原作；黃瓊仙譯. -- 初版. -- 臺北市：麥田出版：家庭傳媒城邦分公司發行, 2015.07
面； 公分
譯自：世界エロス大全：「悦楽」と「偏愛」と「禁断」の園
ISBN 978-986-344-243-1（平裝）
1. 性學 2. 歷史 3. 風俗
544.7 104009081

ISBN 978-986-344-243-1
Printed in Taiwan.

世界情愛大全
「歡愉」、「偏頗的愛」與「禁忌」的樂園

作者｜桐生操
封面繪圖｜石橋優美子
譯者｜黃瓊仙
封面設計｜繁花似錦
責任編輯｜謝濱安

國際版權｜吳玲緯
行銷｜陳麗雯 蘇莞婷
業務｜李再星 陳玫潾 陳美燕 杻幸君
副總編輯｜巫維珍
副總經理｜陳瀅如
編輯總監｜劉麗真
總經理｜陳逸瑛
發行人｜涂玉雲
出版｜麥田出版
10483台北市民生東路二段141號5樓
電話：(02) 2500-7696
傳真：(02) 2500-1967
部落格：http://ryefield.pixnet.net
發行｜英屬蓋曼群島商家庭傳媒股份有限公司城邦分公司
地址：10483台北市民生東路二段141號11樓
網址：http://www.cite.com.tw
客服專線：(02) 2500-7718｜2500-7719
24小時傳真專線：(02) 2500-1990｜2500-1991
服務時間：週一至週五09:30-12:00｜13:30-17:00
劃撥帳號：19863813 戶名：書虫股份有限公司
讀者服務信箱：service@readingclub.com.tw
香港發行所｜城邦（香港）出版集團有限公司
地址：香港灣仔駱克道193號東超商業中心1樓
電話：+852-2508-6231
傳真：+852-2578-9337
電郵：hkcite@biznetvigator.com
馬新發行所｜城邦（馬新）出版集團 Cite (M) Sdn Bhd
地址：41, Jalan Radin Anum, Bandar Baru Sri Petaling, 57000 Kuala Lumpur, Malaysia.
電話：(603) 90578822
傳真：(603) 90576622
電郵：cite@cite.com.my

印刷｜中原造像股份有限公司
初版一刷｜2015年7月
定價｜320元